KB074538

내 마음대로
사는 게
뭐 어때서?

내 마음대로 사는 게 뭐 어때서?

강이든, 이다인, 이도권, 김은주, 박대한, 박희인, 손힘찬, 신상아, 엄주하, 이병우가 글을 쓰다.
치읓[치읃] 출판사가 2018년 04월 05일 식목일에 처음 발행하고, 이혁백이 책을 기획하다.
편집주간 정예림이 출간을 진행하고, 김의수가 글을 다듬었으며, 양진규(★규), 김경미가 책을 디자인하다.
2017년 10월 31일(제 000312호)에 치읓[치읃] 출판사가 등록되었고,
주소는 서울시 강남구 봉은사로33길 11 2층, 전화는 02-518-7191, 팩스는 02-6008-7197,
이메일은 240people@naver.com, 인터넷 카페는 www.shareyourstory.co.kr이다.

2018년 04월 05일 1쇄를 펴내고
2018년 07월 04일 2쇄를 발행하다

값 15,000원
ISBN 979-11-963097-0-1

이 도서의 국립중앙도서관 출판예정도서목록(CIP)은 서지정보유통지원시스템 홈페이지(http://seoji.nl.go.kr)와 국가자료공동목록시스템(http://www.nl.go.kr/kolisnet)에서 이용하실 수 있습니다. (CIP제어번호 : CIP2018006580)

‘남’이 아닌 ‘내’가 만들어가는
인생을 누리는 자유로운 영혼들을 위한
행복한 이기주의

내 마음대로
사는 게
뭐 어때서?

이혁백 기획 | 강이든, 이다인, 이도권, 김은주, 박대한, 박희인, 손힘찬, 신상아, 엄주하, 이병우 지음

목차

Dream_ 언제나 꿈을 꾸는 소년, 소녀로 살다

네 안에 숨겨진 '체 게바라'를 꺼내라 • 14

I'm the super daddy: 결혼을 망설이는 그대들에게 • 21

멋지게 나이 든 오빠들의 12가지 습관 • 28

노는 걸 제일 잘하면서도 놀기만 하진 않는 여자 • 38

이것이 바로 개념 연애다 • 46

다인(多-IN人), 가장 매혹적인 인생을 코칭하다 • 54

Reality_ 내가 꾸는 꿈이 곧 현실이 된다

청년들의 놀이터, 스리랑카로 떠날 준비되셨나요? • 64

지독히도 흔들릴 땐, 시국 돌파 대잔치 • 70

그대는 그대의 삶, 그대로를 살아라 • 76

고장 난 TV가 세상을 바꾸었다 • 84

살기 위해 책을 쓰다 • 91

1퍼센트 의심도 없이 100퍼센트 긍정하라 • 99

Eternal_ 순수함으로 변하지 않는 열정을 만들다

당신 안에 회복탄력성을 키워라 • 110

쫄지 마, 겁먹지 마, 일단 부딪혀 보는 거야 • 116

언제까지 그 손바닥만 한 책상에 앉아 고생만 하고 있을래? • 122

어쩌면 글을 잘 쓰게 될지도 몰라 • 130

책 쓰기, 운명적 재능을 발견하다 • 136

월간 싱글레어, 살아가는 의미를 발간하다 • 141

Adventure_ 일단 부딪히고 본다

일본을 몰랐던 한국인, 한국을 몰랐던 일본인의 고백 • 150

나쁘지 않은 인생이 더 나쁘다 • 156

내 마음 속 작은 이야기, 지금 바로 말하는 대로 • 163

정말 문제는, 돈을 바라보는 당신의 태도 • 172

혼자 있을 수 있어야 둘이 있을 수도 있다 • 179

사랑의 은밀한 작동원리 • 185

Major_ 나는 이미 기적과 같은 존재다

꿈을 이야기하는 아지트, 엄마의 화실 • 196

밀회를 꿈꾸는 당신 • 202

길을 걷다 유쾌한 씨를 만나는 방법 • 210

살면서 곤충 삼천 마리 정도는 키워봐야지! • 218

청춘, 너에게 주기에 너무 아까운 • 223

세상 가장 높은 곳에 나만의 나무를 심어라! • 230

Dream

언제나 꿈을 꾸는
소년, 소녀로 살다

강이든(1TO1 크리에이터)

세계 최고의 독일계 선진 자동차부품기업 '보쉬(BOSCH)'에서 엔지니어를 거쳐 프로젝트매니저로 활동하고 있다. 자신의 인생을 바꿨던 일 년간의 경험을 토대로, 1년 12가지 플랜을 통해 제2의 인생을 이끌어주는 동기부여가다.

내성적이고 자신감이 없었던 유년시절. 생각 없이 훌쩍 떠난 남아공에서 기적의 1년을 맞이하게 된 그는, 완전히 새로운 성격으로 거듭나게 되며 1년의 경험이 10년의 인생 계획이 되는 그야말로 '1년의 기적'을 경험한다. 전국에서 수재들이 모인다는 거창고등학교에 진학하고, 울산대학교 자동차공학과에 전액 장학생으로 입학하는 등, 자신의 삶을 직접 선택하고 계획하는 힘을 갖추게 된다. 자동차공학도이면서 경영학까지 복수전공한 그는, 독일에서 1년 동안의 교환학생 생활을 통해 자신이 가고 싶던 외국계기업에 입사하는 꿈까지 이룬다.

이처럼 자신이 원하는 것을 정확히 선택하고, 이끌어가는 힘을 지니게 된 그는, 이 책을 통해 "내 인생은 내 마음대로 선택하자."라고 말한다. "1년이 최고의 하루(1)를 만든다."라는 뜻의 원투원(1TO1)플랜 크리에이터로서, 쉽고 간단하지만 놓칠 수 있는 12가지 궁극의 플랜을 통해 누구나 1년만 따라 하면 새로운 성공습관을 갖게 하는 데 관심이 있다. 현재 관련된 책을 집필하는 중이다.

* 이메일: saem3@naver.com

네 안에 숨겨진 '체 게바라'를 꺼내라

남미의 쿠바혁명을 주도한 인물인 체 게바라의 이름을 다들 한 번씩은 들어봤을 것이다. 그는 사상과 이념을 떠나서 지금까지도 위대한 혁명가로 사람들에게 기억되고 있다. 사실 그는 쿠바가 아니라 아르헨티나 사람이다. 체 게바라라는 이름에서 '체(Che)'는 스페인어로 사람을 부를 때 쓰는 '이봐' 정도의 의미이며 체 게바라가 혁명에 뛰어들면서 스스로 이름을 그렇게 바꿨다고 한다. 본명은 에르네스토 라파엘 게바라 데 라 세르나(Ernesto Rafael Guevara de la Serna)이고, 아르헨티나의 제법 큰 병원장의 아들로 태어나 경제적으로 부족함 없이 자랐다. 그런 그가 처음부터 혁명가의 길을 걸었던 것은 아니다. 의사를 꿈꿔 부에노스아이레스 의대를 졸업했으나 우연히 그의 친구 알베르토 그라나도와 모터사이클을 타고 남미대륙을 여행하면서 마음이 바뀐다. 여행길에서 그는 빈부격차로 인해 좌절하며 근근이 하루하루를 살아가는 사람들로 가득한 피폐하고 암울한 남미의 현실을 보게 된다. 체 게바라는 그런 현실에 좌절하여 의사 가운을 벗어 던지고 혁명의 길로 들어선다. 그의 인생을 완전히 바꿔버린 이 여행의 과정을 담은 것이 바로 〈모터사이클 다이어리〉라는 영화다. 이 영화를 보면서 나도 한 가지 꿈을 정했다. 그처럼 나의 인생을 바꾸는 전환점이 되는 여행을 하겠다는 꿈이다. 그러나 그렇게 다짐했던 결심은 어느새 마음속에 묻히고, 어느 날 나를 돌아보니 착실하게 평범한 하루하루를 살아가고 있었다.

평소 자동차를 좋아하던 나는 2012년에 내가 원하는 외국계 기업에 디젤엔진 엔지니어로 당당히 입사했다. 지방 공대 출신으로는 드물게 세계적으로 유명한 외국계 기업에서 설레는 마음으로 회사 생활을 시작했다. 처음 입사해서 일을 배울 때는 새로움과 열정으로 가득 찬 나날들이었다. 학창시절 친구처럼 친한 동기들과 일반 한국계 기업에서는 찾아보기 힘든 수평적이고 자율적인 기업문화가 너무 마음에 들었다. 친절하고 권위를 내세우지 않는 같은 팀 선배들에 둘러싸여 행복하게 일을 배워 나갔다. 하지만 한 해 두 해가 지나 4년 차에 접어들자 새로웠던 일들도 너무나 익숙한 일들로 바뀌고 열정은 사그라들어 그 흔적조차 보이지 않았다. 어느 순간 나도 모르게 매일매일 졸린 눈을 비비며 아무 생각 없이 회사로 출근하는 전형적인 직장인의 모습이 되어 버렸고 주말과 월급날, 휴가만을 바라보며 회사생활을 꾸역꾸역 이어 나가고 있었다. 그런 회의감에 젖어 있을 때, 학창시절에나 했던 질문들이 계속 떠올랐다. '내가 잘하는 것은 무엇인가? 내가 좋아하는 일은 무엇인가? 내가 원하는 삶은 어떤 모습일까? 나

는 언제 행복할까?'

그러던 어느 날, 내 자취방 책꽂이를 정리하다가 예전부터 써 오던 나의 꿈 리스트를 우연히 꺼내보게 되었다. 그리고 거기에는 정확히 '400cc 이상 급의 오토바이 사서 타기' 그리고 그 밑에는 '나만의 모터사이클 다이어리 만들기'라고 적혀 있었다. 첫 번째 꿈은 내가 대학생 때 모터사이클을 타고 다니던 선배를 보며 정했던 것이고, 두 번째 꿈은 바로 위에서 언급한 〈모터사이클 다이어리〉라는 영화를 보며 정했던 꿈이었다. 그 꿈 리스트를 보자, 행복함으로 가득 찬 미소를 지으며 꿈을 적던 나의 모습이 떠올랐다. 그렇다. 그때 나는 행복했던 것이다. 그렇다면 이 꿈을 이루게 될 때 나는 더 행복해지지 않을까?

두 가지 꿈을 같이 이루고 싶었다. 하지만 그 뒤로 현실적인 고민이 이어졌다. 내가 사고 싶은 모터사이클은 웬만한 소형차 중고 가격 정도였고 당시 나에겐 그만한 돈이 없었다. 게다가 사려던 모터사이클은 800cc급으로 무조건 2종 소형 면허를 따야 했다. 주변 사람들 역시 모터사이클은 너무 위험하다며 나를 말렸고, 당시 여자 친구를 비롯한 친구들, 직장 동료들의 걱정 어린 말들이 계속 이어졌다. 그렇게 현실적인 장벽에 부딪혀 고민하던 중에 누군가의 이야기가 머릿속에 불현듯 떠올랐다. 바로 딴지일보 김어준 씨의 유럽 배낭여행 이야기이다.

당시 그는 여행하던 중에 파리대로의 한 양복점 앞에 발걸음을 멈췄다. 그리고 곧장 그 가게에 들어가 마치 자신의 옷을 찾아 입듯이 양복을 입고 셔츠, 넥타이, 구두도 꺼내 신었다. 가격을 보니 12만 원. 당시 그가 가진 돈은 120만 원 정도였기 때문에 충분히 살 수 있는 수준이었다. 계산을 하려던 순간, 가격표에 '0' 하나가 더 있는 것을 발견했다. 전 재산을 털어야 살 수 있는 양복이었다. 그는 고민했다. "지금 양복을 포기하고 앞으로 두 달 동안 돈을 쪼개 쓰면 굶지는 않겠다. 그리고 잠자리도 어느 정도 해결할 수 있겠다. 그렇게 생기는 60일치의 안도감을 모두 더한다. 그렇게 더한 60일치 안도감이 지금 이 양복을 샀을 때의 행복보다 큰가?" 그는 아닌 것 같다고 생각했다. '만약 30대가 되어 다시 여기에 돌아와 옷을 산다면? 그때 행복은 지금의 것과는 완전히 다른 것이다.' 그리고 그는 생각했다. '앞으로의 두 달, 아직 안 왔잖아?' 그렇게 그는 전 재산을 털어 양복을 사고 그날 밤은 공원에서 노숙을 했다. 알고 보니 그 양복은 BOSS라는 유명 브랜드의 옷이었다. 그리고 다음 날 수중에 남아 있던 5만 원 남짓을 가지고 숙소에 가서 하룻밤을 잔 후 숙소 사장에게 이야기했다. "만약 내가 기차역에 가서 손님 3명을 데려오면 나를 공짜로 하루 재워줘라. 그리고 5명 이상부터는 나에게 커미션을 달라." 그렇게 사장과 계약을 맺고 그는 한 시간 만에 30명을 데려왔다. 1주일 사이에 관계는 역전되어 숙소에서는 제발 떠나지 말라며 그를 붙잡았다. 그 당시 그가 가진 돈은 50만 원 정도였다. "왜 내가 남의 장사를 해 주고 있지?"라는 생각에 그는 동유럽 체코로 향했다. 그는 집 주인에게 50만 원을 준 뒤 1주일 정도 집을 빌리고 다시 기차역으로 향했다. 동양인만 상대할 것이 아니라고 생각한 그는 기차에서 내리는 반반한 남자를 붙들고 설득했다. "내가 먹여주고 재워줄 테니 나와 같이 일하자." 그렇게 영국 친구를 알바로 고용해서 호객 장사를 했는데 대박이 났다. 가격이 쌌고, 쫙 빼입은 젊고 잘생긴 친구들이 사람들을 끌어들였기 때문이다. 이렇게 한 달 동안 장사를 하면서 잘 먹고 잘 지낸 그는 결국 수중에 1,000만 원을 가지게 되었다. 그는 이 모든 것이 바로 BOSS

양복을 샀기 때문에 가능했다고 말했다. 이후 그는 하나의 원칙을 세워 지키고 있다고 한다. 지금 당장 행복해져야 한다는 것이다. 그는 사람들이 행복을 적금처럼 저금했다가 나중에 찾아 쓸 수 있는 것이라 생각하는데 절대 그렇지 않다고 말한다. 나중에 가서 행복해지는 것 따위는 없으며 그 순간의 행복은 시간이 지나면 영영 없어져 버린다는 것이다.

당장 행복하게 사는 것! 이 이야기를 떠올리자마자 더 이상 고민할 것이 없었다. 그래, 나도 당장 행복해지자! 돈은 매달 이자를 조금 내는 대신 마이너스 통장을 사용하기로 했고 안전하게 타기 위해서 제대로 배우기로 했다. 그날로 제일 유명한 모터사이클 교본을 사서 책을 다 읽고 난 후 실전이 필요하다고 생각한 나는 모터사이클을 가르쳐 주는 곳을 찾아 체계적인 교육을 받았다. 그리고 2종 소형 면허를 접수하고 두 번의 도전 끝에 면허도 딸 수 있었다. 그날 이후부터 매일매일 인터넷에서 내가 원하는 모터사이클을 찾았다. 한 달 정도 모터사이클을 찾아 헤맨 끝에 겨우 내가 원하는 옵션과 가격대의 모터사이클을 찾을 수 있었고, 판매자가 있는 대전까지 직접 내려가 모터사이클을 구매해 용달차를 불러 집으로 가져왔다. 그 모터사이클이 집에 도착하던 그 순간, 그 기쁨을 나는 아직도 잊을 수 없다.

체 게바라의 모터사이클 이름이 포데로사였다면 나의 모터사이클에는 '뽀이'라는 이름을 붙여 주었다. 꿈을 이룬 기분은 정말 최고였다. 생각보다 꿈을 이루는 것이 어렵지 않다는 것에 내심 놀랐고 그 꿈을 이루고 난 후에 찾아오는 행복감과 만족감으로 일상생활조차 새로운 힘을 받아 활기차게 돌아갔다. 자신의 꿈을 계속 기억하고 소중히 간직한다면 그것을 이루는 것은 그렇게 어려운 일이 아니라는 것을 깨달았다. 필요한 것은 작은 용기였다. 자세히 살펴보면 당장 이룰 수 있는 꿈들이 많다. 나는 당장 이룰 수 있는 꿈을 용기 내어 이룬 것뿐이었고 당장 행복해지기로 선택한 것뿐이었다.

뽀이를 만나고 나서 나는 나만의 모터사이클 다이어리를 준비하기 시작했다. 헬멧과 각종 보호 장구를 사고 긴 여행에 사용할 캐리어도 모터사이클에 달았다. 그리고 주말이면 인근 교외로 바이크를 타고 나가 모터사이클을 몸으로 익히기 시작했다. 마침내 어느 여름휴가를 앞둔 날, 나만의 모터사이클 다이어리를 만들기로 결심했다. 내가 살고 있는 용인에서 완도까지 가서 배를 타고 제주도로 건너가 그곳에서 며칠간 여행한 후 다시 집으로 돌아오는 5박 6일의 코스였다.

그리고 이번 여행에서 체 게바라처럼 내 삶에 대한 어떤 전환점이 되기를 바라는 마음에서 철저히 '혼자'가 되어 마음의 소리를 듣고 오겠다는 콘셉트를 정했다. 드디어 여행 당일 아침, 출발 전에 뽀이와 함께 사진을 찍고 무사 귀환을 기원하며 또 다른 나의 꿈을 이루기 위해 설레는 마음으로 힘차게 출발했다. 복잡한 도시를 벗어나 한적한 국도를 따라 남으로 계속 내려갔다. 억수같이 쏟아지는 비를 맞으며 온몸이 젖기도 했고 적당히 시원한 바람과 쨍쨍한 햇살을 받으며 한가로운 국도를 마음껏 내달리기도 했다. 귓속을 가득 채우는 모터사이클의 배기음 소리는 내 속에 있던 모든 스트레스를 날려 보냈다. 또 하나의 꿈이 이루어지는 순간의 행복을 온몸으로 만끽하며 길 위를 달렸고 출발한 다음 날 아침 뽀이와 함께 배에 올라 제주도를 향해 남해바다를 건넜다. 그날 배에는 나처럼 자신의 꿈 혹은 로망을 이루기 위해 모터사이클을 타고 온 사람이 더 있었고, 나를 선두로 배에서 내린 모터사이클들은 각자의 꿈을 품은 채 제주도를 향해 힘차게 질주해 나갔다. 4일 동안 내비게이션도 없이 발길 닿는 대로 제주를 돌아다녔다. 나도 모르게 터져 나오는 환호성을 질러대며 모터사이클에서 일어나 달리며 해방감을 맘껏 즐겼다. 가다가 경치 좋은 곳이 나오면 잠시 머물러 풍경을 즐기고 아무 카페에 들어가 시원한 커피를 마시기도 했다. 그렇게 자유롭게 다니는 내 모습이 다른 사람들에게는 신기하게 보였는지 쉬고 있을 때면 말을 걸어오는 사람들이 많았다. 나의 모터사이클이 얼마인지, 타고 다니면 어떤 느낌인지, 어디에서 왔는지 등등 그들은 궁금한 게 많았다. 그리고 항상 마지막에는 공통적으로 이렇게 말했다. "아, 나도 모터사이클 타고 여행하는 것이 꿈이었는데 대단하십니다!" 그럴 때면 나는 별것 아니라며 손을 내저어 겸손하게 대답했지만 사실 하고 싶은 이야기는 따로 있었다. 김어준 씨가 말한 것처럼 나는 당장 행복해지기로 선택한 것뿐이고, 그것은 마음먹기에 따라 누구든지 할 수 있다는 말이었다.

짧지만 강렬하게 온몸의 세포 하나까지 행복했던 여행을 마무리하고 집으로 돌아와 내 생각과 내 마음의 소리, 느낌들을 다시 정리했다. 그러고는 이번 여행에서 내가 얻은 것이 무엇인지를 생각해 보았다. 물론 체 게바라처럼 내 인생을 한 번에 뒤집어엎을 만한 큰 깨달음이나 충격을 받은 것은 아니었지만 처음에 가졌던 나의 마음속 물음들에 대해 몇 가지 분명한 답을 내릴 수 있었다. 지금 현재 나의 생활은 내가 원하는 모습이 아니며 단지 진짜 원하는 내 삶의 모습으로 가기 위한 하나의 단계일 뿐이라는 것이다. 그리고 그 여행을 통해 내가 원하는 삶의 모습은 바로 '자유로운 영혼의 삶'이라는 것을.

02

I'm the super daddy: 결혼을 망설이는 그대들에게

최근 청년들은 연애, 결혼, 출산을 포기한 '3포 세대', 여기에 취업, 내 집 마련까지 포기했다는 의미로 '5포 세대'라 불린다. 더 나아가 인간관계, 희망, 건강, 외모 관리, 심지어는 삶까지 포기했다는 의미로 'N포 세대'라는 말까지 등장했다. 누구나 자신의 삶을 스스로 선택할 권리가 있기 마련이지만, 한편으로는 연애와 결혼과 같은 인간의 자연스러운 본능마저 억누를 정도로 현실이 각박하다는 게 너무나 안타깝다. 취업이 힘들다 보니 자연스레 연애와도 멀어지게 되고 결혼은 꿈도 꾸지 못하게 되는 것이다. 또한 결혼을 한다 해도 세계 최고의 사교육비 지출을 자랑하는 대한민국의 교육 현실과 아이 키우기 힘든 여러 사회적 문제들에 또다시 자녀마저 포기하는 사람들이 늘고 있다.

그럼에도 불구하고 나는 청년들에게 연애와 결혼은 꼭 하라고 말하고 싶다. 사랑의 결실이 꼭 결혼이어야 한다고 생각하진 않지만, 한 사람을 사랑하고 함께 살면 혼자일 때 느낄 수 없는 밀도 높은 충족감과 행복을 느낄 수 있다. 그러나 주위에 결혼한 사람들을 보면 이런 나의 의견과는 다르게 결혼생활에 만족하지 못하는 것 같다. 기혼자들에게서 결혼에 대한 부정적인 이야기를 너무나 쉽게 들을 수 있고, 자신이 돌싱(돌아온 싱글)이라고 당당히 밝히는 사람들도 많아졌다. 나 또한 결혼 전에 주변에서 들려오는 결혼에 대한 부정적인 이야기들 때문에 결혼을 실제 망설이기도 했다. 하지만 결혼을 하고 1년이 다 되어가는 지금 생각해 보면 그 모든 걱정들이 쓸데없었다는 걸 느낀다. 주변에 결혼해서 행복하다고 이야기하면 아직 신혼이라서 그렇단다. 하지만 나는 그렇게 생각하지 않는다. 그렇다면 나의 결혼생활은 왜 행복한 걸까?

나는 나와 잘 '어울리는' 사람을 만나 행복해지기로 결심했고 행복해지기 위해 노력했다고 분명히 말할 수 있다. 여기서 잘 어울린다는 말은 나와 비슷한 가치관을 가졌다는 뜻이다. 즉, 연애관, 결혼관 그리고 인생관과 같은 전체적인 삶의 방향이 나와 잘 부합하는 사람을 만나 연애를 하고 결혼한 것이다. 어떻게 그렇게 잘 맞는 사람을 만날 수 있었냐고 누군가 묻는다면, 우선 내 가치관을 명확히 정립했기 때문이라고 말하고 싶다. 연애도 공부나 운동과 같아서 여러 번 할수록 더 잘하게 된다. 때로는 이별의 상처로 죽을 만큼 아프다가도 금세 다른 사랑에 의해 행복해진다. 그렇게 사랑과 상처를 반복하다 보면 처음에는 서툴렀던 내 사랑이 조금씩 노련해지고 나에게 맞는 사람을 알아보게 된다. 그래서 파릇파릇한 젊은 친구들에게는 무조건 많은 사람을 만나 경험해 보라고 이야기한다.

내 마음대로 사는 게 뭐 어때서?

단, 그전에 자신은 어떤 성향의 사람인지, 어떤 연애를 원하는지, 어떤 사람을 만나고 싶은지 꼭 정리해봐야 한다. 생각뿐만 아니라 실제 글로 적어야 한다. 나의 연애와 결혼에 대한 가치관은 이런 것들이었다. '나와 대화가 잘 통해야 하며 세상의 기준에 휩쓸리지 않고 소비의 노예가 되지 않을 것, 운동을 통해 땀 흘리는 개운함을 아는 사람일 것, 힘들 때 나를 비롯한 타인을 위로해 줄 수 있는 공감 능력과 따뜻한 마음을 지닐 것, 나의 생각이나 꿈과 삶의 방향을 응원해 줄 것, 서로 최대한 많이 이해해 줄 것…….' 그리고 마침내 나는 이런 가치관을 가진 지금의 아내를 만나게 되었다.

　　나는 아내를 조금 특별하게 만났다. 어느 겨울날, 즐겨듣던 팟캐스트의 오프라인 모임에 충동적으로 가게 되었다. 그리고 그곳에서 우연히 같은 테이블에 앉아 유난히 내 말에 잘 웃어주던 그녀를 만났다. 어디서 나왔는지 기억도 나지 않는 용기를 내어 나는 그녀에게 애프터 신청을 했고, 그 후로 우리의 만남은 지속되었다. 나의 작은 이야기에도 큰 관심을 보여주고, 그렇게 재미있지도 않은 내 농담에 활짝 웃어주던 그녀가 마음에 들었다. 그 후로 여러 번 그녀를 만나면서 내 마음은 더 커져만 갔다. 꾸밈이 없고 작은 것에 감사할 줄 아는 그녀가 좋았다. 짧은 단발머리가 잘 어울렸으며 유행을 무시하고 유명한 맛집도 싫어했다. 그보다 자신이 마음에 드는 옷이면 길거리에서 파는 만 원짜리 티셔츠에도 아이처럼 기뻐했고, 이천 원 하는 길거리 음식에도 일류 레스토랑 음식을 먹은 것처럼 행복해했다. 나는 그런 그녀의 소박함과 털털함이 좋았다. 타인의 슬픈 이야기와 스토리에는 마치 자기 일인 것처럼 진심 어린 마음으로 걱정할 줄 알고, 영화나 TV의 슬픈 장면에서는 소리 없이 눈물을 뚝뚝 흘렸다. 지하철 역사

23　I'm the super daddy: 결혼을 맘먹이든 그대들에게

입구에서 잡지를 파는 노숙자를 보면 따뜻하게 다가가 인사하며 잡지를 사고 그 잡지는 나에게 보라며 건네주었다. 나는 그런 그녀의 따뜻한 마음도 너무나 좋았다.

이런 그녀의 모습들에 결국 마음을 빼앗겨 청혼을 했다. 그리고 역시나 이렇게 나와 잘 '어울리는' 아내와의 결혼생활은 내게 굉장한 만족감과 행복을 선물해 주고 있다. 힘든 회사 일을 마치고 퇴근을 한 저녁에는 아내와 같이 저녁이나 야식을 먹으며 수다로 스트레스를 푼다. 아내를 힘들게 한 사람이 있으면 내가 더 열을 내며 같이 욕해주고, 내가 조금 부당한 일을 당했으면 당장 전화를 할 기세로 오히려 아내가 더 화를 낸다. 주말에는 세상 가장 편한 집에서 더 이상 편할 수 없는 옷차림으로 예능 프로그램을 보면서 아내와 맥주 한 잔을 즐긴다. 혼자 거울 앞에서 막춤을 추거나 몹쓸 브레이크 댄스를 춘 후 아내의 손을 톡 건드리면, 아내는 나를 한 번 쓱 쳐다보고는 내가 췄던 춤을 그대로 따라 한다. 그렇게 서로의 얼굴을 보며 빵 터져 깔깔깔 웃어대면 그렇게 행복할 수가 없다. 그렇게 우리는 이 세상 그 누구보다 가장 친한 친구이자 서로에게 세상 가장 든든한 조언자이며 상담자이기 때문에 어떤 모습이라도 보여줄 수 있고 속 깊은 생각까지 모두 꺼내 보여줄 수 있다.

이렇게 잘 통하고 비슷해서 좋은 점도 많지만 당연히 다른 점도 있다. 서로 다른 점들 때문에 결혼생활이 불행하지 않게 하려면 서로 노력하는 수밖에 없다. 개그맨으로 더 잘 알려져 있는 이정수 작가는 자신의 저서 『결혼해도 좋아』에서 행복한 결혼을 유지하기 위해선 행복에 필요한 모든 방법을 동원해야 한다고 말한다. "행복이라는 것이 그냥 하늘에서 뚝 떨어지는 게 아니잖아요. 행복도 노력해야 얻을 수 있습니다."라고 말하는 그는 자신의 블로그를 통해 매일매일 행복한 결혼·육아 일상을 포스팅하고 있다. 이정수 작가의 말처럼 나와 아내도 행복한 결혼생활을 위해서 다양한 노력을 한다.

일단 서로의 역할을 정하는 일부터 시작했다. 평소에 요리를 좋아하고 오랜 자취 경험을 가지고 있는 내가 주방 담당이 되었고, 결혼 후부터 지금까지 집에서 하는 모든 요리는 99.9% 내가 하고 있다. 대신 아내는 나보다 꼼꼼하고 계획적이기 때문에 우리 집의 모든 재무 관리를 맡아 가계부를 쓴다. 이렇게 쉽게 정리가 되는 일이 있는 반면 그렇지 않은 것들도 있다. 그리고 그런 점들은 오히려 굉장히 사소한 것일 때가 많다. 아내는 가스밸브를 잠그지 않는 것에 대해 굉장히 예민한 반면, 나는 냉장고 문을 오래 열어 놓는 것이 그렇게 싫었다. 이 외에도 사소하게 다른 점들 때문에 가끔 싸우긴 하지만 다툼이 있을 때마다 무조건 대화를 하기로 했다. 그리고 그 대화를 통해 서로의 생각이 틀린 것이 아니라 다르다는 것을 이해해 나갔다.

그러나 이런 신혼부부의 일상을 크게 바꾸어놓는 일은 따로 있는데 바로 자녀를 얻는 것이다. 우린 행복해지기 위해서 자녀를 가지기로 했고 다가오는 9월이면 세상 그 무엇보다 소중한 나의 아들을 만나게 된다. 어느 방송에서 김제동 씨는 박경철 작가에게 아이를 가지면 행복하냐고 물은 적이 있다. 그 질문에 박경철 작가는 "지금까지 당신이 누렸던 그 어떤 행복보다 훨씬 큰 행복을 느끼게 된다."고 답했다. 부모의 큰 사랑은 누구나 알지만 직접 부모가 되어 보지 않고는 모를 터다. 이제 나도 부모가 되어 그 크나큰 사랑을 몸소 체험하고 그 행복감에 푹 빠져 보려고 한다. 그리고 이 세상 그 누구보다 훌륭한 아빠가 되기 위해 양육서를 읽고 나름대로 미래의 계획도 세우면서 'super daddy'가 되기 위한 준비를 하고 있다.

　결혼의 조건이라는 것은 상대방의 외모나 돈, 지위 같은 것들이 아니라 '내가 이 사람과 얼마나 행복할 수 있는지'가 되어야 한다. 그리고 훌륭한 부모가 되는 조건은 아이에게 온갖 좋은 것을 해줄 수 있는 재력이 아니라 '얼마큼 아이를 행복한 가정에서 키울 수 있는지'가 되어야 한다고 생각한다. 즉, 행복한 결혼을 하면 그 가정이 행복해지고 그 행복한 가정에서 아이를 키우면, 아이 또한 행복해지는 것이다.

　오래 사귄 연인이 있거나 상대편이 결혼을 원할 때 '이 사람에게 내 평생을 맡겨도 되는지 확신이 서지 않고, 당장 함께 살 집을 마련하기에는 턱없이 부족한 재정 상태나 결혼하고 나면 마음껏 내키는 대로 즐기던 청춘이 없어질 것만 같은 생각, 그리고 내가 부모가 될 준비가 되었는가.' 하는 고민들이 있을 것이다. 하지만 결혼이나 자녀 문제에 대해 수학 문제 풀듯 재고 고민하며 답을 구하려고만 한다면 절대 그 해답을 찾을 수 없다. 좋은 배우자가 된다는 것과 좋은 부모가 된다는 것은 어떠한 정답이 있는 것이 아니기 때문이다. "덕을 보려는 마음이 아니라 베풀겠다는 마음으로 결혼을 하면 길 가는 어느 누구와 결혼을 해도 별 문제가 없다."라고 말한 법륜 스님의 말처럼, 나 스스로가 행복할 자신만 있으면 되는 것이고 그 자신감으로 행복한 가정을 만들면 되는 것이다. 그러므로 우리는 스스로 자신에게 너무 가혹한 잣대를 대고 있는 것은 아닌지 돌아보아야 한다.

자신의 결혼에 대해서 진지하게 고민하고 있다는 것 자체는 나쁜 것이 아니다. 하지만 정해진 답을 찾으려 하지 말고 당신이 생각하는 그 사람과의 행복한 결혼생활을 상상해보자. 더 나아가 내가 부모가 되어 나의 자식과 행복하게 사는 모습을 멋지게 그려 보는 것으로 답을 대신했으면 한다. 그리고 당신이 그린 그 모습들에서 행복한 자신의 모습이 보인다면 이미 당신은 결혼해도 충분한 조건을 갖춘 것이며 준비된 'super daddy'인 것이다. 행복해서 결혼하는 것이고 결혼해서 행복해야 하며, 행복하기 때문에 좋은 부모가 된다. "결혼만큼 본질적으로 자기 자신의 행복이 걸려 있는 것은 없다. 결혼생활은 참다운 뜻에서 연애의 시작이다."라는 괴테의 말처럼, 더 이상 망설이지 말고 당신의 참다운 연애를 시작하길 바란다.

03

멋지게 나이 든 오빠들의 12가지 습관

나의 어렸을 적 기억은 경상남도 함양군에 있는 아주 작은 시골마을에서 시작한다. 동갑내기 친구라고는 단 3명뿐인 작은 마을에서 유년기를 보냈다. 온 산과 들에서 온몸으로 자연과 마주하며 책에서도 보지 못한 곤충과 벌레들을 가지고 놀았다. 마을에서 자라나는 벼와 과일, 각종 작물들은 사계절을 뚜렷이 알게 해 주었고 여름이면 냇가에서 물놀이를, 겨울이면 눈싸움과 연날리기를 했다. 그렇게 시골에서 자란 나는 초등학교 5학년이 되었을 무렵 그나마 도시의 모습을 갖춘 전라북도 남원으로 이사를 했다. 그곳에서 새로운 환경에 적응하면서 촌티를 조금씩 벗어나 어느덧 중학생이 되었다. 그러던 어느 날 아버지는 형과 나에게 엄청난 제안을 하셨다. 학교를 휴학하고 남아공에서 1년을 보내다 오라는 말씀이셨다. 해외라고는 한 번도 가보지 못한 중학교 2학년생에게 남아프리카공화국은 너무나 생소한 나라였다.

　남아공에서는 아버지 지인분의 집에서 지냈다. 영어학원에 다니고 볼링보다 쌌던 골프를 배웠다. 나보다 적게는 2~3살, 많게는 띠동갑인 형들과 어울려 다니며 드넓은 아프리카 대륙을 누볐다. 광활한 대지와 뜨거운 햇살, 검고 하얀 피부색의 사람들, 그들만의 독특한 언어와 문화, 다양한 그들의 생각을 매일 가까이서 보았다. 모든 것이 새로웠고 낯설었지만 그 모든 상황들을 전부 내가 직접 맞닥뜨려야 했다. 그러면서 나의 의견을 제대로 말하는 법을 알게 되었고, 세상의 넓음과 다양함을 직접 몸으로 경험하며 나도 조금씩 그 속에서 나의 진짜 모습을 찾아가고 있었다. 무섭게만 보였던 흑인과도 주먹인사를 나누게 되었고, 다른 나라에서 온 외국인과는 일종의 동질감을 느꼈다. 낯선 것에 대한 두려움은 진짜가 아니라는 것을 깨달았으며 오직 몸으로 부딪히는 것만이 그 두려움을 이길 수 있는 방법임을 알게 되었다. 그렇게 내 인생에 다시는 오지 않을 행복하고 강렬했던 1년이 지나고 한국으로 돌아온 나는, 이전과 완전히 다른 사람이 되어 있었다.

　굉장히 내성적이고 낯을 가리는 조용한 성격이었던 내가 처음 보는 사람에게도 먼저 다가가 말을 붙이고 나의 생각과 주장을 훨씬 뚜렷하게 드러냈다. 성적도 지극히 보통에다가 친구들과 PC방에 다니며 그저 그렇게 학교생활을 하던 내가 공부가 쉬워지고 흥미도 붙어 항상 전교에서 상위권을 유지했다. 나의 소극적인 모습은 온데간데없이 사라지고 나의 말투, 모습에 자신감이 붙어 있었다. 그리고 내 주변에 많은 사람, 환경, 장소, 인생, 기회들이 있음을 알게 되었다. 나의 삶은 나 스스로 만들어 간다는 것과 그 선택은 오로지 내가 해야 한다는 것이 머릿속에 분명히 각인되었던 것이다.

당장 고등학교부터 주도적으로 나의 진로를 선택하기 시작했다. 기숙사가 있는 경상남도의 자율형 사립고등학교에 진학했고, 대학교는 다들 가고 싶어 하는 서울권이 아니라 지방에 있는 기계자동차공학과에 장학생으로 입학했다. 다들 가는 군대 대신 국가기술자격증을 따서 당당히 방위산업체에 지원했고 3년간 혹독한 직장생활과 사회생활을 경험했다. 대학교 3학년 무렵에는 경영학을 복수전공하고, 1년을 독일에서 교환학생으로 지냈다. 귀국하고서는 현재 다니고 있는 세계 최고의 자동차 부품 기업인 '보쉬'에서 인턴생활을 시작으로 지금까지 자동차 디젤엔진 엔지니어로서 행복하게 일하고 있다.

어느 날, 이런 나의 삶을 다시 한 번 천천히 돌아볼 기회를 가지게 되었다. 깊게 고민해본 나의 인생은 잘 보낸 1년들이 모여 더 발전된 하루를 살게 만들었고, 그렇게 차곡차곡 쌓인 하루들이 또다시 전환점이 되는 1년을 만들었다는 것을 알게 되었다. 그 순간순간들 속에서 사람, 사건, 시간 같은 나의 외적인 것들로부터 많은 경험을 했고, 그 경험들이 쌓여서 나도 모르게 나의 인생 습관을 만들고 있었다.

직장 경험이 쌓여가고, 나이도 조금씩 먹어감에 따라 나에게도 많은 후배들이 생겼다. 그리고 심심치 않게 주변의 후배들이 나에게 자신의 취업, 연애 혹은 이력서 첨삭, 직장생활 고충 등 상담과 조언을 구하기 시작했다. 그들의 이야기를 진심으로 들어주고 조언해준 나의 이야기가 그들에게 힘이 된다는 것도 알게 되었다. 나만을 위해 열심히 달려온 나의 인생과 나의 이야기가 다른 사람들에게 작게나마 도움이 된다는 것을 처음으로 깨닫는 순간이었다. 그리고 그때 느낀 기분은 내 삶에서 나를 위한 무엇을 성취한 것보다 더 보람 있고 뿌듯했다. 그렇게 나는 나의 이야기를 좀 더 많은 사람들에게 들려주고 싶다는 꿈을 가지게 되었다. 단 한 명이라도 나의 이야기를 통해서 삶이 변화하고 발전할 수 있다면 그것보다 기쁜 일은 없을 거라는 생각이 들었다. 그래서 나는 나의 경험과 이야기들을 정리하기 시작했고, 그 과정에서 나를 변화시키고 발전하게 만들었던 12가지 습관을 누구나 1년 만에 자신의 것으로 익힐 수 있도록 체계화했다. 그중에서 우선 네 가지 습관에 대해 먼저 소개한다.

가장 먼저 말하고 싶은 습관은 바로 '독서'다. 나는 고등학교 때부터 몇 가지 인생 질문을 가지고 있었다. 그 당시 마음이 가장 잘 맞는 친구와 이런저런 많은 이야기를 했는데, 주로 '공부를 하는 이유와 앞으로의 진로, 10년 뒤의 모습, 그리고 어떻게 살아야 좋은 것인가?' 하는 나름 철학적인 질문들이었다. 그중에서도 내가 가장 치열하게 찾아 헤맨 질문이 바로 '성공이란 무엇일까?'였다. 나는 그에 대한 답을 절실하게 고민했고 마침내 어느 한 책에서 나의 마음을 울리는 답을 찾게 되었다. 그때 느낀 내 심장의 떨림과 희열은 나에게 한 가지 확신을 주었다. 바로 "책 속에 모든 답이 있다."는 것이다. 그 후로는 계속 책을 가까이 하는 습관을 들였다. 책보다는 영상, 글보다는 사진에 더 익숙해지면서 우리는 언제부터인가 생각하는 힘을 잃었다. 그러나 책을 읽으면서 저자의 의견이나 생각을 곱씹거나 그 주장에 공감해 고개를 끄덕이며 나만의 생각을 하게 된다. 창의력이 중요하다며 여러 가지 분야의 융합을 주장하기 전에 책을 통해 먼저 생각하는 힘을 길러야 한다.

독서의 좋은 점은 무궁무진하지만, 한 가지 분명한 사실은 성공으로 나아가는 필수 도구가 바로 책이라는 점이다. 마이크로소프트사의 빌 게이츠는 "오늘의 나를 있게 한 것은 우리 마을 도서관이었고, 하버드 졸업장보다 소중한 것이 독서하는 습관이다."라고 말했다. 전 세

31 멋지게 나이든 오빠들의 12가지 습관

계에 스마트폰 열풍을 일으킨 스티브 잡스, 투자의 대가 워런 버핏, 페이스북 창업주로 미래에 가장 촉망받은 젊은 CEO 마크 저커버그 등 소위 성공한 사람들은 모두 훌륭한 독서 습관을 가지고 있다.

두 번째 습관은 바로 '좋은 선택을 하는 것'이다. 요즘에는 주변에서 쉽게 '결정장애'라는 말을 들을 수 있다. 다양한 상품과 좋은 서비스가 넘쳐나니 그럴 만도 하지만 우리가 아무렇지도 않게 인터넷 검색이나 타인의 평가를 바탕으로 판단과 결정을 내리고 선택하는 순간 그것은 바로 내 인생이 된다는 걸 잊어서는 안 된다. 결과가 좋든 나쁘든 선택은 내가 하는 것이고 책임도 내가 져야 한다. 그렇다면 좋은 선택을 하기 위해서는 어떻게 해야 할까? 시골의사 박경철 작가는 그의 저서 『자기혁명』에서 다음과 같이 말한다. "결국 가장 중요한 것은, 바람직하고 건강한 가치관을 정립하고 삶의 모든 선택을 그것에 의거해 해나가는 것이다. (…) 가치 기준 아래 목표를 정하고 그 목표에 도달하기 위해 온전히 노력하며 뚜벅뚜벅 걸어간다면 모든 것은 일직선에 놓인다."

그러니 모든 선택을 나의 가치관에 따라 해 나가려면 우선 나의 가치관을 정립해 놓아야 한다는 뜻이다. 내가 1년 동안 독일에서 직업에 대한 가치관을 정리했던 것처럼, 여러 번의 아픈 이별을 경험하고 연애관을 정리했던 것처럼 말이다. 그런 후에야 직장을 선택할 때 주변에서 말하는 좋은 직장이 아니라 나의 가치관에 맞는 직장을 선택할 수 있고, 자신이 세운 연애관에 근거해 행복한 연애를 할 수 있는 것이다. 나의 가치관에 따라 내린 선택은 가장 후회가 없고 결국 가장 잘한 선택이 되기 때문이다.

세 번째 습관으로는 '여행'이다. 『여행은 최고의 공부다』의 저자 안시준 작가는 "자신이 진짜 하고 싶은 일을 찾으려면 자신만의 시간을 반드시 가져야 한다."고 말한다. 외국에서는 고등학교 졸업 후 대학교에 입학하기 전 1년 동안 자신의 적성과 진로를 탐색하는 '갭이어(gap year)'라는 시간을 갖는다. 그 시간 동안 학생들은 주로 여행을 통해 다양한 경험을 하면서 자신에 대해 알아가고 향후 자신의 삶의 방향을 탐색한다. 한국에는 이런 제도가 없지만, 안시준 작가는 스스로 여행이라는 자신만의 갭이어를 가져 성장했고 진정한 어른이 되었다고 말한다. 이처럼 나에게도 나의 인생을 전환시키는 두 번의 큰 여행이 있었다. 첫 번째는 어렸을 적 남아공에서 보낸 1년이고 두 번째는 대학생 때 교환학생으로 독일에서 보낸 1년이다. 그 시간 동안 내 삶의 방향과 앞으로의 진로, 직장 선택에 대한 방향을 정했고 그것을 실천했으니 나 또한 스스로 갭이어를 가진 셈이다. 이 여행의 핵심은 나를 낯선 환경에 몰아넣고 생각에 집중할 수 있는 나만의 시간을 갖는다는 데 있다. 거창하게 생각할 필요는 없다. 출장 중에 잠깐 짬을 내거나 짧게 떠난 국내 여행, 동네 카페에서 보내는 몇 시간, 혼자 걷는 길에서도 잠깐의 '갭타임'을 가질 수 있다. 그러니 시간이 없다고 불평하지 말고 짧게나마 나에게로 떠나는 여행을 계속 시도해야 한다.

네 번째 습관은 '나만의 진짜 공부 찾기'다. 나는 대학에서만큼은 자신이 진짜로 원하는 공부를 해야 한다고 생각한다. 무작정 남들을 따라 학과를 정하고 스펙을 쌓거나 무조건 좋은 학점을 받는 것보다 자신의 진짜 공부를 찾아서 그것을 즐겨야 한다. 그렇게 했을 때 최고의 스펙이 자연스레 만들어지기 때문이다. 나는 어려서부터 자동차와 기계를 좋아했고 그래서 고등학교 때 막연히 이과를 선택했다. 게다가 수학 실력이 모자랐음에도 불구하고 공대를 선택했다. 그렇게 들어간 대학생활 중 내 가슴을 두근거리게 만드는 것이 있었으니 바로 자작자동차 동아리였다. 직접 오토바이 엔진을 사용해 오프로드 차량을 만들어 대회에 참가하는 동아리였는데, 공강 시간은 물론이고 저녁, 방학할 것 없이 비는 시간은 모두 동아리에 쏟았다. 직접 설계하고 차량을 제작하기 시작하면서 수업시간에 배운 공학적 지식들을 실제로 적용하기 시작했으며 그것이 살아있는 공부라고 느꼈다. 그렇게 동아리 팀장까지 맡고 난 후에는 또래 학생 중 그 누구보다 차에 대해 잘 아는 사람이 되었다. 이것은 나중에 나만의 가장 강한 스펙이 되어 지방대 학생에, 평균 학점 B, 별다른 자격증이 없음에도 불구하고 당당히 외국계 기업에 디젤엔진 엔지니어로 입사할 수 있는 원동력이 되었다.

이 네 가지 외에도 나를 변화시켜주었을 뿐만 아니라 많은 사람들에게 인생의 전환점을 만들어준 습관들이 있다. 소비 습관, 끈기, 성공 벤치마킹과 같은 마인드 메이킹 습관을 시작으로 무의식 영어 학습, 땀 흘리기와 같은 실천 습관, 목표 쓰기, 긍정적 마인드 훈련, 전환점 만들기와 같은 의식의 습관까지 총 12가지다. 그리고 현재는 이것들을 하나하나 정리해 책으로 출간할 계획이다.

사람이 변화하기 위해서는 시간, 장소, 만나는 사람을 바꾸어야 한다고 말하지만 실제로 이것들을 바꾸기란 쉽지 않은 일이다. 내 경험에 비추어 보면 실제적으로는 자신이 가진 습관에 더 많은 영향을 받는다. 자신의 몸에 배어버린 습관은 용수철과 같아서 조금만 마음을 놓아버리면 다시 나를 원위치로 끌고 가버린다. 새해마다 정한 목표가 작심삼일로 끝나버리는 이유다. 그래서 습관이란, 한 번에 바꾸어 버릴 수 있는 것이 아니라 작은 것부터 하나씩 단계적으로 바꾸어 나가야 하는 것이다. 그리고 1년이라는 시간 동안 꾸준히 작은 습관들을 실천한다면 누구나 자신을 변화시킬 수 있다. 무엇을 꼭 이루려고 할 것이 아니라 작은 습관을 하나씩 실천하고 그저 경험하면 되는 것이다. 그렇게 만들어진 좋은 습관의 1년은 인생의 전환점이 되어 새로운 하루를 만들어내고, 그 새로운 하루들이 쌓여서 이전보다 더 큰 인생의 전환점을 만들어내는 선순환을 이루게 된다. 그런 면에서 보면 아리스토텔레스가 "젊었을 때 형성된 좋은 습관이 모든 차이를 만든다."고 말한 것도 과장이 아니다. 변화하고 싶지만 매번 실패하거나 자꾸만 답답한 생활이 이어진다면 그것은 당신의 안 좋은 습관 때문이다. 작더라도 좋은 습관을 꾸준히 1년 동안 유지한다면 당신은 TV나 책에서 보던 성공한 사람들과 같은 궤도에 들어설 수 있다는 것을 알아야 한다. 지금 그대로의 모습에 파묻혀 뒤처질 것인가, 아니면 당장 나의 습관을 점검하고 변화할 것인가? 선택은 당신의 몫이다.

당신의 생각을 주의 깊게 살펴보라. 그것은 당신의 말이 된다.
말을 신중하게 사용하라. 그것은 당신의 행동이 된다.
행동을 늘 되돌아보라. 그것은 당신의 습관이 된다.
습관에 늘 신경 써라. 그것은 당신의 가치관이 된다.
가치관을 살펴보라. 그것은 당신의 운명이 된다.

_마하트마 간디

이다인

'그리다:人'의 대표, 한 폭의 수채화를 그리듯 인생을 아름답게 살아가는 여자

저자 이다인은 234개 업체, 21,059명, 422회의 강의 이력을 가지고 있는 기업 교육 강사다. 다양한 직업, 직군, 연령의 사람들을 만나며 그들만의 스토리와 에피소드를 접하는 동안 각자의 인생 설계도를 어떻게 그려나가야 하는지 답을 얻게 되었다. 스스로 인생의 그림을 아름답게 그려나갈 수 있게 도와주며, 신념과 기준을 가진 단단한 마음을 가진 강사들과 함께하는 '그리다:인(人)'의 대표다.

"누구나 마이크를 잡고 강연대에 오를 수는 있지만 아무나 괜찮은 강사가 될 수는 없다."

자신만의 바른 기준과 신념을 강의에 녹여내야 하며, 누구도 따라 할 수 없는 나만의 콘텐츠를 가지고 있어야 진짜 '강사'가 될 수 있다고 말하는 그녀는, 자신만의 독특한 콘텐츠와 강의 능력을 가지고 싶어 하는 많은 예비 강사들에게 훌륭한 멘토로서 자리매김하고 있다. 매일 만나게 되는 수많은 사람들 안에 담긴 스토리의 힘을 잘 알고 있는 그녀이기에, 그들만의 숨겨진 가치를 기록하여 세상에 꺼내기 위한 글 작업을 진행 중에 있다.

더 많은 사람들이 자신의 마음을 잘 알고, 마음이 이끄는 대로 그림 같은 인생을 살아가기 바라는 그녀이기에, 지금도 그녀는 강연대 위에서 또 한 폭의 아름다운 그림을 그려가고 있다.

행정안전부, 국방부, 국가인권위원회, 외교통상부, 경찰청 등 대부분의 공공기관과 삼성전자, 현대자동차, POSCO, 현대중공업, 풀무원, 호텔신라 등 수많은 대기업에서 강의를 하였으며, 조직활성화, 리더십, 핵심리더과정, 청소년 리더십 캠프 등 수많은 프로그램을 진행하였다.

———————

* 이메일: chuiah@hanmail.net

01

노는 걸 제일 잘하면서도 놀기만 하진 않는 여자

 '와 뭐가 이렇게 쨍하지?'

　머리를 누이고 있던 폭신한 베개에서 겨우 실눈을 뜨고 보니 창밖은 이미 환했다. 머리맡을 더듬더듬해서 찾은 휴대폰 시계를 보니 PM 12:35이다. 목도 살짝 마르고 날씨도 덥다 보니 아이스 아메리카노 생각이 간절하다. 눈뜨자마자 커피가 생각나는 걸 보면 카페인 중독이긴 한가 보다. 살짝 키가 큰 유리컵을 꺼내서 카누를 하나 넣고 물로 살짝 녹인 다음 시원한 얼음을 동동 띄워서 휘휘 저어주니 이곳이 바로 남부럽지 않은 커피숍이다. 에어컨 빵빵하게 틀어놓고 쇼파에 기대 누워 커피를 마신다. 이제부터는 세상에서 제일 행복한 휴대폰 타임이다.

　잠든 사이 쭉 쌓여있는 톡이 103개, 오늘도 단톡방은 아무 말 대잔치 중이다. 답변해야 하는 내용에는 답변도 해주고, SNS도 한번 훑으며 좋아요도 꾹 눌러주고, 어제 보다만 웹툰도 보다 보니 1시간이 훌

찍 지나버렸다.

'아, 이제 슬슬 배가 고프네. 먹을 게 뭐가 있나?'

냉장고를 열어보니 엄마가 해주고 가신 내가 제일 좋아하는 전구지 김치랑, 90% 이상의 육류 함유량을 자랑하는 전지현 소시지가 있다. 소시지를 기름에 달달 구워서 김치랑 밥이랑 먹고 나니 허리도 살짝 아픈 것 같아 다시 누웠다. 어제 못 본 〈신서유기〉나 마저 봐야겠다고 생각하는 찰나에 부산 친구한테 전화가 왔다.

"니 뭐하는데?"

언제 들어도 반가운 목소리다. 항상 하던 질문으로 통화가 시작되었다.

"누워있지~ 뭐 하겠노?"

"하~ 좋네. 니가 세상에서 제일 부럽다."

세상에서 제일 부럽다. 요즘 내가 가장 많이 듣는 말이다.

사실은 나도 11년 동안 열심히 회사를 다닌 사람이다. 남들 다 다니는 회사지만, 다니다 보니 재미있는 부분도 있었고, 성취감도 많이 느꼈다. 내가 맡은 업무에 대한 책임감도 강했다. 정말 열심히 다녔다. 그러다 10년의 고비였는지 열정도 예전 같지 않고 몸도 골골거리며 여기저기 아파오는 것이, 모든 신호가 쉬어야 한다는 결론으로 자꾸 귀결이 되었다. 그러던 와중에 동생의 결정적인 푸시.

"언니야, 10년 일했으면 좀 쉬어도 된다. 1년은 내가 100만 원씩 줄게. 쉬어라."

왠지 정말로 열심히 일한 내가 떠나야 할 것 같은, 아니 쉬어도 될 것 같은 느낌에 과감하게, 뒤도 돌아보지 않고 퇴사를 하였다.

그렇게 2016년 10월 나는 '백조'가 되었고, 때마침 사회적으로

YOLO라는 말이 유행을 하게 되어, 나는 친구들이 부러워하는 그야말로 '욜로족'이 되어 있었다.

일단 출근에 대한 압박이 사라지고 나니 그렇게 행복할 수가 없었다. 거제도 힐링 여행을 시작으로 부산 고향집 투어, 결혼한 친구를 기념하기 위한 유부녀 탄생 축하 천안 온천 여행, 맛집이 가득했던 대만여행, 20년 지기와 호화롭게 떠난 태국 우정여행, 내 생애 첫 유럽 스페인까지, 갈 수 있는 여행은 죄다 다녀왔다. 이 나이쯤에는 재산도 불릴 줄 알아야 한다는 친구의 조언에 따라 부동산 투자도 해보고, 딱히 내세울 만한 취미도 없이 살았는데 재즈음악에 맞춰 춤을 추는 '스윙' 동호회 활동도 시작했다.

이렇게 6개월을 정신없이 보내고 나니 슬슬 '내가 이래도 되나? 진짜 이렇게 살아도 되나?' 하는 생각이 문득문득 들기 시작했다. 왠지 남들은 무언가를 이루어가고 앞으로 나아가고 있는데 나만 제자리에서 쓸모없는 사람이 되어 가는 것 같은 생각이 들었다.

'이렇게 쓸모없는 사람으로 살다가 재기도 못 하고 나이만 들어가는 건 아닐까?'

'어쩌지? 이력서를 써야 하나?'

'나이가 많아서 괜찮은 회사에 들어갈 수 있을까?'

'연봉은 제대로 받을 수 있으려나?'

'새로운 회사에 적응은 할 수 있을까?'

'내가 왜 그만뒀지? 그냥 다닐 걸...'

꼬리에 꼬리를 무는 생각들이 많아지자 불안감과 우울감이 점점 나를 채워갔다. 분명 1년은 푹 쉬어야겠다고 호기롭게 생각했지만, 불안감이 들기 시작하자 놀고 있는 이 시간들이 불편해졌다. 안 되겠다 싶어 슬슬 내가 할 수 있는 일을 찾아보자 생각했다. 하지만 원래 하던 일을 다시 시작하자니 모종의 두려움이 느껴졌다.

11년간 쉴 새 없이 달려왔던 내 직업은 기업교육 강사이다. 나라는 사람을 소개할 때 가장 먼저 붙는 수식어가 바로 "219개 업체, 402회, 20,268명을 교육한 강사"였다. 지금까지 일주일에 5일을 강의하는 것이 당연했고, 교육생 앞에서 마이크를 잡고 말을 하는 것이 일상이었다. 그런데 갑자기 두려움이 일기 시작한 것이다.

'내가 과연 사람들 앞에서 강의를 할 만한 사람인가? 그럴 자격이 있나?'

누구나 약간의 편집증과 우울증을 앓는다고 하던데, 당시 나는 극명하게 그런 생각들에 지배되었다. 사람들이 나에게 호의를 베풀어도 자기들의 이익을 위해 괜히 착한 척하는 것 같았고, 자기를 더 돋보이게 하기 위해 나를 깎아내리는 것 같았다. 사람들을 의심하고 또 경계하게 되었고, 내가 일을 하지 않고 있으니 부족하게 느껴졌으며, 그래서 나를 무시하고 있다고 생각하기에 이르렀다. 자존심이 바닥을 치는 순간이었다.

이런 순간에는 잘못된 판단을 할 수밖에 없는 것인지, 내 인생 최악의 남자도 만나 보았다. 이렇게 얼마간 바닥에서 허우적대다 보니 이런 상황에서 벗어나고 싶어졌다. 우울감이 나를 더 잠식하기 전에 바닥을 치고 올라가고 싶어졌다. 그렇게 시작된 것이 바로 나 자신에 대한 탐구였다. 그때부터 나는 의식이 형성된 이후의 나를 쭉 돌아보았다. 나는 정말 잘 살아온 것인가?

가장 행복했던 순간으로 돌아가 보라고 한다면 두 번 생각하지 않을 정도로 행복했던 고등학교 시절과 9살 때부터 건축의 꿈을 키워 입학한 대학 시절, 그리고 그 시절 내 인생의 최우선 순위에 있었던 친구들을 떠올려보면 꽤 잘 살아온 것 같다. 하지만 직장생활 10년을 돌이켜 보면 남들보다 딱히 모아 놓은 돈도 없었으며, 이렇다하게 내세울만한 뭔가도 없이 살았다. 이처럼 하루에도 수백 번씩 생각과 감정이 널뛰기를 했다.

뭐라도 당장 시작해야 했다. 그런데 뭘 하지? 커피를 좋아하니 커피를 시작해 볼까? 꽃이 요즘 참 예뻐 보이던데 꽃꽂이나 배워볼까? 아니 아니, 그래도 회사에 입사하는 것이 좋겠지. '사람인'에는 괜찮은 공고가 올라왔나?

하지만 답도 없는 이러한 의식의 흐름들을 어느 정도 겪고 나니 조금씩 내가 보이기 시작했다. 하나씩 행동으로 옮길 수 있는 힘도 생겨났다. 무엇보다 지금 당장 내가 할 수 있는 일, 그동안 해보고 싶었으나 하지 못했던 일에 도전해볼 용기가 생겼다. 그 중에서 가장 우선 순위로 떠오르는 것이 바로 '책 쓰기'였다. 책 쓰기는 항상 로망이었다. 언젠가는 써봐야겠으나 지금은 아니라고만 생각하고 있었다. 아직은 글을 쓴다는 것이 어색하고 부끄럽게만 느껴졌다. 하지만 나를 이해하는 가장 빠른 길은 나에 대한 이야기를 글로 써보는 것이라 한다. 그 말을 듣고는 과감하게 작가라는 길에 도전해 보았다.

'그래, 지금 아니면 언제 시작할 수 있으랴? 내 인생에 적어도 책 한 권은 출간해야 하지 않겠는가?'

이렇게 마음은 먹었지만 참 막막했다. 무엇을 어디서부터 써야 할지... 지금도 글을 쓰고는 있지만 작가라는 타이틀이 아직은 와 닿지 않는다.

그런데 참 신기한 경험을 하고 있기는 하다. 엉켜있던 실타래가 풀리듯 정말로 내 인생이 조금씩 정리가 되는 것이다.

내 인생의 어떤 부분을 글로 쓸까? 나는 어떤 이야기를 하고 싶은 걸까?

생각해보니 주제는 두 가지다. 연애와 강의. 신기하게도 강의가 두려워져서 나를 돌아보게 되었고 강의가 아닌 다른 무언가를 찾고 싶어 글쓰기를 시작하였는데, 막상 글을 쓰게 되니 강의와 나는 떼려야 뗄 수 없는 사이였다. 나는 생각한 것 이상으로 강의를 좋아하고 있었던 것이다. 아닌 게 아니라, 10년 넘게 이 일만 해왔으니 이것 말고 내 인생에서 할 수 있는 얘기가 뭐가 있겠는가?

실제로 통장 잔고가 바닥을 치고 있을 때 나를 구제해 준 것도 강의였다. 사실은 회사를 그만둔 직후에도 가까운 지인들로부터 몇 건의 강의 의뢰가 들어오곤 했으나, 나는 프리랜서 강사가 아니고 백수라는 이유로 거절했었다. 놀고 싶은 마음이 더 컸기에 말도 안 되는 이유를 붙였던 것이다. 지금은 용돈이라도 벌 요량으로 시작한 강의가 나의 프리한 생활을 받쳐주고 있다.

무엇보다 한 건 한 건의 강의가 예전보다 훨씬 크게 와 닿는다. 회사 이름이 아닌 내 이름을 걸고 시작한 일이라 강의 준비 시간도 길어졌으나, 그만큼 강의 하나하나에 애정이 들어갔다. 분명 질리고 질려 그만둔 일이었는데, 나는 강사에 어울리지 않는 사람이라 생각하기도 했었는데, 낯도 많이 가리고 사람들 앞에서 내 이야기도 제대로 하지 못하는 사람이었는데, 막상 내 인생에 '강의'는 너무나 깊이 관여되어 있었다.

나를 규정지으면 지을수록, '나는 누구인가?'라는 근원적인 질문을 하면 할수록 '강사'라는 내 업이 감사하게 느껴진다. 강의를 많이 하던 그 시절보다 한발 떨어져서 바라보니 그런 것일 수도 있겠다.

무엇보다 실컷 놀다 보니, 이런저런 생각들을 많이 하다 보니 내 인생에서 놓칠 뻔했던 중요한 두 가지, 즉 연애와 강의를 모두 받아들 수 있게 되었다. 이렇게 정리하고 보니, '놀기'를 참 잘한 것 같다.

02

이것이 바로 개념 연애다

 "내가 좋아서 만나는 거야, 나랑 있는 시간이 좋아서 만나는 거야?"

이게 무슨 말장난인가 싶겠지만, 놀랍게도 내가 22살 때 남자친구한테 직접 했던 말이다. 그리고 이 질문은 부메랑이 되어 나 자신한테 돌아왔다. 나는 그 사람이 좋아서 만난 걸까, 아니면 단순히 연애가 하고 싶었던 걸까?

모든 연애의 시작은 항상 너무나 좋았다. 누군가가 신경 쓰이기 시작하고, 점점 나에 대한 관심이 커져가며, 꽁냥꽁냥 몽글몽글한 그런 느낌. 온종일 카톡으로 뭘 하고, 뭘 먹고, 누굴 만나는지 얘기하고는, 밤이 되면 1시간이 넘게 통화를 하면서도 대화가 끊이지 않는 그런 거 말이다.

막힘없이 술술 나오는 대화들이 이어지면서, 10초에 한 번씩은 웃게 되는 찰나의 순간들.

남자 자기야 어디야?

여자 니 맘속

남자 응? 아~ㅎㅎㅎㅎㅎㅎㅎ 거기서 뭐해?

여자 유핑

누구에게 보여주기 부끄러운 대화들, 내가 이런 말을 할 수 있을까 싶었던 내용들, 다시 읽어보라고 하면 손발이 오그라들어 절대 못 볼 것 같은 이런 대화들은 항상 설렘을 동반한다. 나도 거기에 중독되었던 것 같다.

그 순간순간의 느낌들은 너무나 큰 행복감을 선사했다. 내가 누군가에게 사랑받는다는 느낌, 대체 불가능한 소중한 사람으로 인정받고 있으며, 꽉 쥐면 깨질 듯 조심스런 취급을 받다 보면 세상에 내가 너무 중요한 사람이 되어 있었다. 나도 누구 못지않게 대단한 그런 존재 말이다.

연애하고 있다는 그 느낌에 중독되어 나는 한순간도 쉬지 않고 '연애'라고 하는 레이스를 이어달리기 하듯 달려왔다. 잠시 멈춰 서서 왜 뛰는지 생각했어야 했는데…, 호흡도 고르고 물도 마시면서 말이다.

어느새 둘러보니 하나둘 시집가서 주변의 90% 정도 유부녀가 된 지금, '나는 왜 아직 결혼에 성공하지 못했지?' 하는 생각이 꼬리에 꼬리를 물었다. '연애'의 골인인 '결혼'에 아직 성공하지 못한 나의 연애는 정말 실패일까?

경험은 나에게 닥친 사건이 아니라 그 사건에 대처하는 나의 태도이다. 젊을 때일수록 경험에 투자하라는 이야기는 많이 들었을 것이다. 경험이 켜켜이 쌓여나가는 것이 인생이라는 것은 누구나 공감

할 것이지만, 그렇다고 해서 경험만 쌓여나가는 것이 곧 인생의 지혜가 아니란 것도 알 것이다. 가장 중요한 것은 바로 나에게 맞닥뜨려진 사건들을 경험하는 것을 넘어선, 그 사건에 대처하는 나의 태도이다.

연애도 경험의 일종으로 따지면 나는 꽤 많은 투자를 한 셈이다. 그 연애라는 사건들을 겪으며 어떤 태도를 선택하였고, 그 선택들이 어떤 결과를 가지고 왔는지 바라보았더니 내 나름의 원칙들이 생겼다.

첫째 있을 때 잘하자, 그 남자는 우리 아빠가 아니다.

내 경험에 비추어 봤을 때, 일단 헤어지는 그 순간까지 할 수 있는 한 최선을 다하는 것이 후회가 남지 않는 최선의 방법이다. '아 싸울 때 그 말은 하지 말 걸, 싸웠어도 기념일은 챙겨줄 걸, 거기서 자존심 세우지 말고 한번 안아줄 걸'처럼, 조금이라도 미련이나 아쉬움이 남을 것 같다면 일단 잘하고 보는 게 남는 거다.

나는 회사에서의 별명이 '얼음공주'였다. 한 겨울에 아이스커피를 마셔서 그런 이유도 있었지만, 차가워 보이는 이미지와 다가가기 힘든 아우라로 인해 나름의 도도한 이미지를 유지하고 있었던 것이다. 그런데 신기하게도 연애만 하면 '을'이 되었다. 분명 남자의 고백을 받아 연애가 시작되었지만, 2~3개월만 지나고 나면 전전긍긍하며 남자에게 맞춰주고 있는 것이다. 예를 들어, 연애 중반을 넘어설 때부터는 데이트 이후에 집에 혼자 돌아오는 것이 당연한 일이 되었다. 한번은 연애하다가 이사한 적이 있었는데, 이사한 집이 어딘지 남자친구는 헤어지는 순간까지도 알지 못했다.

물론 이렇게까지 연애 빙구짓을 하라는 것은 아니지만, 이별의 순간을 한 번이라도 경험한 사람이라면 다 알고 있을 것이다. 후회와 미련이 많이 남을수록 그 사람을 잊는 시간은 더욱 길어진다는 것을 말이다. 정말 할 만큼 다하고 나면 '내가 이 정도까지 했는데….' 하는 생각에 이별도 조금은 쉽게 툴툴 털어낼 수 있을 것이다. 그런 사람은 시간이 지나고 꼭 다시 연락이 온다. "잘 지내니?"라는 멘트로 말이다. 신기하게도 이 책을 쓰고 있는 동안 전 남친 1, 2, 3에게 연락이 왔다. 내 이론을 뒷받침해주기 위한 것처럼, 정말 모두가 저 멘트를 사용했다.

내가 자존심 다 세우고, 하고 싶은 대로 해도 다 받아주는 남자는 이 세상에 아빠뿐이란 것을 잊지 말고, 사람 대 사람으로 최선을 다하는 것이 남녀 사이에도 필요하다.

둘째 여자의 무기 '칭찬'

여자도 남자에게 많은 것들을 요구하지만 남자 또한 여자에게 많은 것을 기대한다. 요즘같이 먹고 살기 힘든 세상에서는 일도 잘하고 사회적 지위도 있으며 살림 육아까지도 만능으로 해내는 슈퍼우먼을 원한다. 여자가 '취집'을 원하는 만큼 남자도 '셔터맨'이 되고 싶은 것이다. 여자도 사랑을 받기만 할 것이 아니라 남자가 원하는 무언가를 충족시켜줄 수 있어야 한다. 그렇다면 남자가 여자에게 반하는 순간은 언제일까? 세월이 가도 변치 않는 부동의 1위는 바로, '웃으면서 나를 바라볼 때'이다. 눈을 마주친다는 것은 무슨 의미일까? 아마도 이해한다는 느낌, 있는 그대로의 나를 알아준다는 느낌일 것이다.

"남자는 자신을 알아주는 사람을 위해 목숨을 바친다."는 말은 그냥 나온 말이 아니다. 남자는 자신의 행동을 여자가 알아주기를 바란다. 사랑하는 사람으로부터 인정받고 싶은 것이다. 남자들이 우리 여자들에게 선물을 가져다주고 꽃다발을 안겨주며 웃긴 이야기를 들려주는 모든 이유는 '칭찬'을 받고 싶어서다. 말 한 마디가 뭐 별거일까 싶겠지만, 남자친구가 해주는 행동에 대해 진심으로 우러나는 마음으로 디테일한 '칭찬' 한 마디 해주는 것은 어떨까? 내 칭찬을 받은 그 남자는 "다음엔 뭘 해주지?" 하는 생각과 함께, 나를 위해 목숨까지도 바칠 기사가 되어 있을 것이다. 물론 내가 어리고 예쁘며 재력까지 갖추고 있다면 더할 나위 없겠지만 말이다.

셋째 그놈이 그놈이다.

지금까지의 연애들이 끝날 때마다, 관계를 정리하고 사진을 정리하고 추억을 정리하다 보면 그 시절의 내가 함께 도려내지는 그런 기분이었다. 그때의 나를 자꾸 없애다 보니 남아 있는 내가 없어지는 것 같았다. 그 시절 함께하면서 가장 친한 친구로, 가장 가까운 인생 상담사로 옆에 쭉 있어주던 누군가와 '이별'이란 결론을 내리고 나면, 그냥 아는 사람, 가끔 연락하는 이도 저도 아닌 사람이 되어 버린다. 어쩔 때는 이름도 입에 담기 싫어 그XX가 되는 것이다. 사실 헤어지고 나면 다 몹쓸 놈이 되고 만다. 그런데 세상에는 진짜 처음부터 고쳐 쓰기 어려운 몹쓸 놈도 있고, 헤어진 그 순간만 몹쓸 놈도 있다. 그런가 하면 헤어짐의 아픔이 정리되고 난 시점에서 되돌아볼 때 '와, 그때 헤어지지 않았으면 내 인생 어떻게 꼬였을까?' 하는 사람도 분명 있다. 그런 사람만 초반에 걸러낼 수 있다면, 사실 사람은 다 거기서 거기다.

TV 프로그램 〈라디오스타〉에 가수 이효리 씨가 나와서, "그놈이 그놈이다."라는 말을 한 적이 있다. 물론 남편 되는 이상순 씨가 '그놈이 그놈'인 사람은 아닐 것이다. 이상순 씨와 결혼한 이유가 '대화하는 것이 너무 재미있어서.' '말하고 싶어서.'라고 하니, 아마 이효리 씨가 가장 중요하게 생각한 부분은 대화 코드였을 것이다. 대화를 하며 서로를 이해하는 과정에서 행복감을 느끼고 이해받고 존중받는다는 느낌을 받게 되는데, 바로 그러한 것이 중요하다고 생각했기 때문에 결혼까지도 결정할 수 있지 않았을까 생각된다.

사람마다 행복감을 느끼는 부분은 서로 다를 수 있다. 정말 돈이 풍족하게 있어야 행복감을 느낀다면 그것만 보아야 할 것이다. 하지만 모든 사람이 그렇지는 않다. 따라서 내가 정말 원하는 것이 어떤 것인지, 내가 어떤 상태일 때 행복감을 느끼게 되는지를 먼저 알아보는 것이 중요하다. 그러면 이런저런 조건들을 다 갖다 붙이지 않고, 하나만 보고도 결정할 수 있을 테니 말이다.

즉문즉설로 유명한 법륜스님의 베스트셀러이자 내가 애정하는 『스님의 주례사』라는 책에 이런 말이 있다.

"베풀어 주겠다는 마음으로 결혼하면 길가는 사람 아무하고 결혼해도 별 문제가 없습니다. 하지만 상대에게 덕을 보겠다는 생각으로 고르면, 백 명 중에 고르고 골라도 막상 고르고 나면 제일 엉뚱한 사람을 골라 결국엔 후회하게 됩니다."

이렇게 말씀하며 일단 서로가 다르다는 것을 먼저 인정하라고 하신다. 인정한다는 것은 결혼이 되었든 연애가 되었든 사람을 만날 때 가장 중요한 것이 아닐까 생각한다.

저 사람도 나와 똑같은 인격체를 가진 사람이며, 누군가에게 존중받기를 원하고 이해받기를 원하며 인정받고 싶은 욕구를 가진 존재이다. 내가 원하는 것은 상대도 원하기 마련이며, 나와 다른 견해와 시각과 관점을 가졌다고 해서 틀린 것은 아니다. 내가 옳고 그 사람이 틀린 것이 아니라, 나와 그 사람이 똑같지 않고 다른 것뿐이다. 60억의 인구가 다 다르게 생겼듯이 말이다.

내 개념이 이해가 가는가? 당신 앞에 있는 그 연인은 나와 다르지
않다. 사람이 뭐가 그리 다르겠나? 나에게 적절한 노력을 조금 더 해
줄 만한 마음이 있는 사람이면 되지. 함께 잘 맞춰나갈 의지만 충분
하다면, 더 이상 필요한 것은 없을 것이다. 내 앞에 앉아있는 이 사람
이 내 인생 최고의 사람일지 최악의 그 사람일지는 마음먹기에 달려
있다. 내가 그 사람을 대하는 태도가 우리 두 사람의 관계를 결정짓는
열쇠가 될 것이다.

다인(多-IN人), 가장 매혹적인 인생을 코칭하다

 '자연스럽다.'

　내가 참 좋아하는 말이다. 똑같은 미인이라도 자연 미인이 더 예뻐 보인다. '웃는 게 참 예쁘고 자연스럽다.'는 생각이 드는 사람도 있다. 그런 사람과 대화하다 보면 어느새 나도 모르게 웃으면서 얘기하게 된다. 커플도, 가만히 보고 있으면 두 사람이 함께 있는 모습이 어색하지 않고 자연스러운 커플들이 있다. 아무 말 없이 둘만 그 공간에 앉아 있어도 불편함 없이 참 닮아 있는 사람들.

　'자연스럽다.'는 말은 '자연과 같다.' '자연과 닮아있다.'는 말에서 파생되었다고 한다. 자연은 언제 어느 때 보아도 질리지 않으니, '자연스럽다.'는 것은 아마도 가장 편안하고 오래갈 수 있는 모습이 아닐까 싶다. 그러면 나는 언제가 가장 자연스러울까? 어떤 모습이 나에게 가장 어울릴까? 아마도 이 질문들은 내가 글을 쓰게 된 동기와 맞닿아 있을 것이다. 글을 쓰기 전에 나는 비슷한 질문을 했었다. '나는

앞으로 무엇을 하면 좋을까?' '지금하고 있는 이 일이 정말 나에게 맞는 걸까?'

막연한 불안감에서 시작된 글쓰기를 통해 나의 연애도 돌아보고 나의 살아왔던 삶도 되돌아보았다. 그러면서 얻은 결론은 그냥 '나답게 사는 것'이 가장 좋은 것이란 사실이다.

나다운 게 뭘까? 가장 자연스러운 모습, 꾸미지 않아도 되는 모습으로 아무것도 하지 않고 집에 있을 때의 모습이 나일까? 그럴 수도 있지만, 편안하고 가까운 사람들과 함께할 때의 모습도 나다운 모습일 것이고, 10년 동안 잡았던 마이크를 다시 들고 강의하는 모습도 나다운 모습일 것이다. 반면, 돌연 회사도 그만두고 여행을 다니며 놀기만 하는 것도 나일 것이고, '이게 정말 내 길일까?' 하고 고민하며 불안해하는 모습도 나일 것이다. 어느 순간 자연스럽게 이 모든 모습이 나라고 인식되었다.

내가 좋아하는 인디언 명언이 있다. "인디언들은 말을 타고 달리다가 잠시 멈춰 서서 영혼이 따라올 시간을 기다려 준다." 지금이 딱 그 타이밍이다.

누구나 자신의 색깔과 디자인을 가지고 태어난다고 하는데, 잠깐 멈춰 서서 나에 대해 생각해볼 여유가 생기고 보니, 조금은 그 색깔과 디자인이 보이는 것 같았다. 사실 나를 받아들인다는 것이 제일 쉽지 않았다. 나를 있는 그대로 바라보는 것 말이다. 다른 사람에게 필요할 때는 괜찮은 사람으로 인식되었고, 그렇지 않을 때는 쓸모없는 사람이 된 거 같았다. 나는 혼자서 무엇인가를 시작하는 것이 두려운 사람이었다. 이직을 위한 이력서에 붙이는 사진 한 장 찍는 것도 너무 많은 시간이 필요했고, 사업을 시작하려고 마음먹기까지도 1년이라는 시간이 필요했다. 경기가 좋지 않고 이미 레드오션이 시작되었다는 주변 사람들의 말에 너무 많이 휘둘렸기 때문이다. 또한 누군가에게 내 이야기를 솔직하게 다 털어놓으면 나를 우습게 보지는 않을까 하고 예민하게 걱정하는 사람이었으며, 불합리하다고 생각되는 상황이나 나를 함부로 대하는 사람들을 볼 때에도 '노처녀 히스테리'라는 말이 듣기 싫어 웃고 넘기는 사람이었다. 그리고는 집에 와서 억울해하며, 누군가가 나를 부정적으로 이야기했다는 말 한 마디에도 밤잠 설치는 사람이었다. 특히 연애의 끝에서는 자존감의 바닥을 치며 세상 밖으로 나오는 것이 힘들었다. 나를 세상으로 다시 끄집어 내어준 것은 바로 주변 사람들이었고, 스윙이라는 취미 생활이었으며, 나를 돌아볼 수 있게 해준 글쓰기였다.

그러자 나에겐 변화가 생겼다. 다른 사람 말에 많이 휘둘린다고 생각했던 나는 친구의 말 한 마디로 금방 힘을 낼 수 있게 되었고, 주변에는 내 편이 되어주는 사람들이 생각보다 많다는 것을 알게 되었으며, 춤을 추며 밝은 에너지 권에서 사람들과 어울려 지내다 보니 몸도 마음도 한층 더 밝아지고 가벼워졌다. 우울한 날보다 기분 좋은 날들이 많아지다 보니 미래도 밝게 상상할 수 있게 되었다.

좋은 기분, 좋은 컨디션을 유지하는 것은 생각보다 쉬웠다. 내 몸과 생활을 해치지 않는 한도 내에서 먹고 싶은 것을 먹고, 하고 싶은 것을 하며, 만나고 싶은 사람들을 만나면서 살면 되는 것이었다. 할리우드의 유명한 영화배우 존 배리모어는, "행복은 종종, 열어 둔 줄도 몰랐던 문으로 슬그머니 들어온다."고 했는데, 정말이지 행복은 내가 깨닫지 못한 어느 순간 내 삶에 자리 잡고 있었다.

좋아하는 TV 프로를 보면서 동생과 함께 치킨을 먹을 때, 출근길에 산 아이스라떼의 고소함이 목을 타고 넘어갈 때, 친한 친구와 밤새는 줄 모르고 수다를 떨 때, 고양이 턱과 이마를 긁어주며 갸르릉 소리를 듣고 있을 때, 수건을 꺼냈는데 섬유 유연제 냄새가 코로 전해져 올 때, 재미있는 웹툰을 볼 때, 좋아하는 사람들이랑 공동주택에서 공동육아를 하는 상상을 할 때…. 다만 내가 인지하지 못하고 있었을 뿐이다.

내가 나의 색깔과 디자인을 받아들일 준비가 되고 나니, 가장 행복했을 때가 언제인지도 바로 알게 되었다. 나는 나도 행복해야 하지만 옆에 있는 사람도 함께 행복해졌을 때 가장 행복감을 크게 느끼는 사람이었다. 옆에 있는 사람이 행복해하면 그것이 나까지 전염되어 더욱 행복하게 만들어준다. 그렇게 내가 행복의 기준을 세우고 나니 앞으로 어떻게 살아야 할까 하는 막막함이 사라지면서, 무슨 일을 할지가 그려지기 시작했다. 나는 나와 마찬가지로 인생에 대한 고민을 통해 답을 얻고 싶은 사람들을 도와주고 싶다. 각각의 인생이 그 자신의 모습을 찾아가며, 자기 본연의 색을 찾아 발현하면서 살아갈 수 있도록 도와주고 싶다.

자신의 모습을 찾기 위한 방법으로는, 내가 생각 없이 저질렀던 것처럼 퇴사가 될 수도 있고, 또 무작정 저질렀던 책 쓰기가 될 수도 있다. 여행이나 명상, 독서를 통해서든 각자만의 다양한 방법을 통해서든 자신의 디자인을 찾아갈 수 있을 것이다.

자신만의 스토리를 찾아내면 거기서 곧바로 끝내는 것이 아니라 그 스토리를 가지고 강의까지 하고 싶어질 것이다. 바로 그것이 내가 바라는 모습이다. 이것은 내가 조금 먼저 겪어본 분야이기 때문에 원하는 사람들을 도울 수 있다. 또한 자신만의 스토리로 강의안을 만들 수만 있다면 누구나 강사가 될 수 있다. 강사로서 갖춰야 할 태도, 지식, 스킬 역량은 나의 전문 분야이기 때문에 이 부분에 대해선 지금도 자신 있게 말할 수 있다.

강의를 진행하기 위한 프로그램 설계에서부터 강의안 작성, 교재 및 부교재 작성, 효과적인 강의 전달 기법을 위해, 시선처리와 움직임까지도 배우게 되면 누구나 할 수 있는 것이다. 디테일하게는 마이크 잡는 법과 포인터를 능숙하게 다루는 법부터 시작할 수 있다. 담당자와 무슨 이야기를 어떻게 나누어야 할지, 연수원에서의 프로다운 모습은 무엇이며 니즈 분석은 어떻게 해야 하는지, 교육생의 직군과 연령대에 따라 어떤 강의스킬이 필요한지에 대한 모든 노하우를 전해줄 것이다.

사람마다 각자의 매력을 발굴하여 스토리에 넣어 기승전결을 만들고, 전달하고자 하는 메시지와 약간의 재미와 감동이 들어간 강의를 함께 만들어갈 생각을 하니, 가슴이 두근거리며 뭔가 될 것 같은 가능성이 느껴진다. 그리고 그 일이 누군가의 인생에 도움이 되기를 바란다. 각각이 가지고 있는 매혹적인 인생이 너무나 궁금하다.

만약 지금 '내가 잘 살고 있는가? 내가 이렇게 살아도 괜찮을까?' 하고 고민하고 있다면, 잠시 멈춰 서서 나는 어떤 매력과 색깔을 가지고 있는지 생각해 볼 수 있는 시간을 가져보라. 내가 아닌 다른 누군가가 만들어 놓은 삶이 아닌, 그리고 남들이 원하는 내가 되기 위해 노력하는 모습이 아닌 '나 다운 나의 모습'이 무엇인지 말이다.

나는 무언가를 할 때 행복하고, 누구랑 있을 때 편안하며, 새로운 창조를 좋아하는지? 무언가를 정리하거나 편집하는 것을 더 잘하는지? 어떤 삶을 살아가고 싶은지? 지금 하고 있는 일은 좋아해서 하는 것인지 잘해서 하고 있는 것인지? 혹은 더 잘하고 싶은 것은 무엇인지?

나 스스로와 만날 수 있는 시간을 갖다 보면 찬찬히 정리되는 것들이 있을 것이다. 나는 그런 모든 것들을 도와줄 수 있는 회사를 꿈꾸며, 이 책을 집필하는 중간중간에도 그 준비를 차근차근 밟아 나가고 있다. 회사 이름부터 지어놓고 뿌듯해하면서 말이다.

그 이름은 바로 "그리다_人"이다. 설계도면을 그리듯이, 사람들이 각자의 인생을 그렸으면 좋겠다는 의미를 담았다. 작은 구멍가게 정도로 시작하고 있지만, 나는 믿는다. 누군가에게 도움이 되는 일은 반드시 성공할 것이라고!

우여곡절 끝에 책을 집필하게 되었고, 그 과정 중에 회사를 차리게 되는 꿈을 키워나가며 사업을 준비하고 있지만, 아직도 꿈인지 생시인지 어안이 벙벙할 때가 많다. '내가 과연 될까?' 하고 생각만 했던 것들이 이루어지고 있으니 말이다. 강의할 때도 내 생각을 전달하기 어려워하던 내가, 사적인 얘기는 가까운 사람 외에는 말하고 싶지 않다던 내가, 연애도 비밀연애를 추구하던 내가 이렇게 나에 대한 이야기를 책으로 쓰고 있다니, 참 나도 많이 변해가고 있는 것 같다. 확실한 건, 한때의 가십거리에 대해 사람들은 그렇게 큰 관심을 갖지 않는다는 사실이다. 내가 무엇을 하든 나를 믿어주는 사람들은 항상 옆에 있어준 사람들이며, 비수를 꽂는 사람들은 신경 쓰지 않아도 되는 사람들이다. 조금은 남들의 시선에서 벗어날 수 있어 너무나 감사하게 생각한다.

나는 이 책을 통해서 전하고 싶다. 남들이 나를 원하면 쓸모 있는 사람이 되고, 그렇지 않으면 쓸모없는 사람이 되는 것은 아니다. 그러므로 너무 신경 쓰지 말고 나답게 살자. 무언가를 이루려고 아등바등하며 지금의 나를 괴롭히지 말고, 내 생김을 찾아서 그렇게 살아가면 좋겠다.

내가 꾸는 꿈이
곧 현실이 된다

03

이도권

전남대를 졸업하고 현재 한국산업은행 차장을 역임하며 다소 안정된 삶을 살아가는 것처럼 보이는 그이지만 20대 시절. 무작정 떠난 스리랑카에서 죽음을 경험하고 덤으로 사는 인생을 얻었다. 현지인과 5개월간 숙식하며 모든 굴레를 벗어던졌던 경험은 그로부터 12년이 지난 지금까지도 저자 본인을 버티게 하는 단단한 힘이 되어주고 있다.

남들처럼 살기보단 조금은 색다른 길을 걸어오며 '나를 찾는 여정'에 모든 열정을 쏟아온 저자는. 인생의 고비마다 만나게 되는 두려움 앞에서 자신을 바로 세울 수 있는 질문의 힘을 경험했던 독특한 사람이다. 그래서인지 수많은 청춘들과 후배들이 자신을 발견하는 여행을 채 맛보기도 전에 무한 경쟁의 압박과 타인들의 시선으로 정신없이 사회에 떠밀려 나가는 모습을 무척이나 안타까워한다.

단지 스스로에게 던진 질문만으로도 닫혀 있던 마음속 한계를 쉽게 넘어설 수 있다는 것을 확신하는 그는. 자신의 일처럼 스스로 던진 질문의 답을 함께 찾아가는 조금은 '별난 사람'이기도 하다. 저자만의 별난 마음으로 무작정 글을 써 내려간 책, 『식스 퀘스천(6 QUESTIONS)』 (부제: 보다 나은 내일을 원하는 당신이 스스로에게 던져야 하는 여섯 가지 셀프 퀘스천)이 출간 예정 중이다.

---

* 이메일: 05230000@naver.com
* 블로그: https://blog.naver.com/05230000

01

청년들의 놀이터, 스리랑카로 떠날 준비되셨나요?

늦게까지 낮잠을 자고 난 첫째가 쓰레기를 버리러 나가는 나를 따라나섰다. 이제 다섯 살이 된 딸아이는 내가 쓰레기를 버리자마자 놀이터로 가자며 내 손을 당긴다. 나를 따라나선 목적은 놀이터에 가기 위함이었던 것이다. 벌써 어둑어둑하니 꽤 늦은 밤이 되었다. 한참 미끄럼틀과 그네를 탄 딸아이는 놀이터 한쪽 끝을 가리키며 저기로 가보고 싶은데 가는 길이 어두워서 무섭다고 했다.

"아빠, 나무가 움직이는 것 같고 무서워서 못 가겠어. 같이 가자."

나는 딸아이에게 "어두워도 가보고 싶으면 한번 가봐. 무섭지 않아. 괜찮아."라고 이야기해 줬지만 결국 아이는 내 손을 잡아끌었다. 그 순간 문득, 딸아이가 '이제 아빠 손을 놓고 자신의 길을 가겠다고 나서면 어떨까?'라는 생각이 들었다. 그런 날이 올 때면 나는 두 가지 심정이 교차할 것 같다. 온갖 애정을 쏟았던 아이가 이제는 자신만의 길을 가겠다며 부모의 품에서 떠나는 순간 느껴질 알 수 없는 슬픔과 깊은 공허함, 그리고 또 하나는 대견함에서 오는 기쁨이다. 다행히 밝고 기쁜 감정들은 앞선 감정을 상쇄시킬 것이다. 아빠의 손을 붙잡아야만 갈 수 있었던 어둑어둑한 길을 어느새 혼자서도 지나갈 수 있다고 말하는 딸아이의 용기 때문일 것이다. 자신이 바라는 무언가가 길 건너편에 있다는 걸 알기에 두려움을 이기고서라도 결단에 나서지 않았겠는가.

"용기란 두려움이 없는 것이 아니라, 두렵지만 그보다 소중한 것이 있음을 아는 것이다."

공지영 작가의 『즐거운 나의 집』에 나온 글귀다. 자신에게 소중한 것이 무엇인지를 알게 되고 그 소중한 것을 찾아 나서는 여정이라면 나는 여지없이 딸아이를 품 밖으로 내보낼 것이다.

인생에서 소중한 것이란 무엇이며 그것을 어떻게 찾아야 할까? 안타깝게도 지금의 청년들 앞에는 그런 질문조차 사치스러울 정도로 힘들고 고된 상황들이 놓여 있다. 그렇지만 자기 인생의 소중한 것을 정의 내리기 위해 끊임없이 탐색하고 모험하려는 마음마저 내려놓지는 않기를 바란다. 부모의 인생도, 누구의 인생도 아닌 바로 '자신의 인생'이기 때문이다.

나 역시 25살이 되기까지 제대로 된 물음을 갖지 못한 채 살았다. 내 인생 최고의 여행지였던 스리랑카에서 '브리또 아저씨'를 만나기 전까진 말이다.

"브리또 아저씨, 저는 여기서 무슨 일을 하면 되죠?"

"Lee 말리, 여기서 어떤 일을 해주기보다 너 스스로 하고 싶은 일을 찾아봐. 도움이 필요하면 언제든 이야기하고. 그때까진 스리랑카 삶을 그저 즐기라고!"

광주에 위치한 5·18기념재단의 자원활동가로 스리랑카에 파견된 나는 현지 파견 단체의 사무총장인 브리또 아저씨로부터 이런 말을 들었다. 처음엔 아무것도 알지 못하는 내게 어떤 업무도 주어지지 않아 당황했다. 파견 단체로부터 일이 주어져야 내 인턴생활을 기록할 텐데, 하고 싶은 일을 스스로 찾아내서 하라니 적잖이 난감했다. 더군다나 특별히 하는 일도 없이 한 달 가까운 시간 동안 결혼식, 생일파티, 장례식, 시장 투어, 지인들의 저녁 식사 초대 등에 참석하며 노는 것이 과연 괜찮은 건지 내심 불안했다.

낯설고 편치 않은 감정이 드는 한편, '내가 언제 남들 시선에서 벗어나 어떠한 굴레나 심정적인 압박 없이 자유를 만끽했던 적이 있었던가?' 자문하게 되었다. 슬프지만, 나를 비롯해 수많은 한국 청년들은 무언가를 하지 않으면 늘 불안하고, 남들보다 뒤처지지 않기 위해 뭐라도 해야 한다는 사회적 분위기에 익숙한 게 사실이다. 그때나 지금이나 불안함을 극복하고 경쟁에서 이기기 위해 끊임없이 노력해야만 하는 것은 똑같다. 그래야 지긋지긋한 경쟁의 고통에서 잠시나마 달콤함을 만끽할 수 있기 때문이다. 경쟁의 승자들을 보며 더더욱 '취업경쟁에서의 루저'가 되지 않으려고 외상이든 내상이든 아픈 상처가 난 줄도 모른 채 소금 뿌려가며 고삐를 더욱 조인다. 다른 '허튼 생각'이나 '뻘짓' 자체가 들어올 틈은 생각조차 할 수 없다. 방향을 고민하는 것은 사치이니, 일단 무조건 뛰고 보는 것이다.

나는 먼저 마음을 짓누르는 두 가지 감정 중 하나인 '하는 것 없이 너무 노는 것 아니야?'라는 주변의 부정적인 시선을 접어보기로 했다. 까짓것 주변 시선에 좀 뻔뻔해지면 되는 거 아닌가. 접어보니 마음이 한결 가벼웠다. 또 다른 감정인 내 스스로 일을 선택하는 것에 대한

낯섦은 긍정적으로 받아들여 봤다. 선택은 내 몫이되, 그 선택에 대해 누굴 탓하지 않고 내가 책임질 수 있으면 그만 아닌가. 그래야만 선택의 자유를 만끽함과 동시에 책임이란 것이 메워져 균형 있는 행동으로 나타날 것이기 때문이다. 선택하고 선택한 대로 보내게 될 모든 시간을 나는 후회로 남기고 싶지 않았다. 내가 선택한 일이라면 허투루 소비하진 않을 거란 믿음이 강해졌다. 그럼에도 불구하고 '시간이 지나 결과가 좋지 않았을 때 정작 잘못된 선택이었음을 후회하면 어쩌지?' 하는 생각이 내 발목을 붙들었다. 『당신은 겉보기에 노력하고 있을 뿐』의 저자인 리샹룽의 말했다.

"자신이 선택한 길이었다면, 인생의 어떤 길도 공연히 시간만 낭비한 우회로는 없다. 살다 보면 '어차피 이 길로 와야 했다면, 왜 하늘은 굳이 나를 헤매게 만들었을까?' 하는 의문이 들 때가 있다. 시간이 흐른 뒤 인생을 다시 돌아보며 느끼는 것은, 우회했다고 느껴진 그 길이 최단 직선거리는 아니었을지라도 가장 아름다운 곡선이었을 수 있다는 것이다."

비록 내 인생 여정이 지름길이 아니라 우회해서 가는 길이더라도 그 길가에서 봉오리마다 아침 이슬이 영롱한 꽃의 모습도 보고, 짙은 꽃향기도 맡을 수 있게 된다는 감사함은 내 성장의 초석이 되어 주었다. 그렇게 브리또 아저씨의 한마디는 내 마음에 작은 파장을 일으키기에 충분했다. 25년을 살면서 나에게 그런 이야기를 해준 어른은 단한 명도 없었다.

"하고 싶은 일을 스스로 찾아보고, 그 일을 찾기까진 즐겨라."

브리또 아저씨는 나에게 자유를 주었다. 내가 어떤 것에 흥미가 있는지 생각할 자유, 흥미로운 일을 찾았다면 그것을 선택할 수 있는 자유, 그저 몸을 맡겨 스리랑카의 삶을 즐길 수 있는 자유를 말이다.

아직도 꽤 많은 청년들은 여전히 남들이 정해놓은 매뉴얼과 자신을 길러준 부모의 뜻에 인생의 핸들을 맡긴 것처럼 보인다. 내 주위에도 그런 사람들이 많다. 내가 만난 후배 역시 자신의 누나의 모습을 보며 답답해했다.

"저희 누나는 경찰공무원 시험을 준비하고 있어요. 대학 4년 동안 바이오에너지학을 전공하고 그 기술을 쌓아왔는데 부모님이 경찰공무원을 하라고 권유해서 지금 시험 준비 중이에요. 그런 누나를 보고 있으면 뭔가 안타까워요. 물론 누나도 본인의 주장을 부모님께 이야기하긴 했지만 설득하려는 논리나 의지가 약했어요. 사실 누나는 주관이 없거든요. 자기가 진짜 뭘 해야 하는지도 모르고 뭘 하고 싶은지도 몰라요."

아마 이 후배 누나만의 고민은 아닐 것이다. 수많은 청년들 역시 비슷한 고민에 빠져 갈등하고 있다. 그리고 결국 쉬운 길, 즉 이미 사회에서 검증된 안전한 길을 선택할 것이다. 그러나 진짜 안전은 외면적인 보장, 즉 금전, 직업이나 사회적 지위 등이 가져다주지 않는다. 외면의 안전을 지나치다 싶을 정도로 갖춘 사람도 '나는 무엇 때문에 인생을 사는가?'를 모른다. 진짜 안전은 모든 행동과 감정의 근원인 내면의 안전을 추구하는 삶이다. 내면의 안전은 또다시 삶의 근본적 물음에 응답하며 사는 것이 전제되어야만 이룰 수 있다. 이러한 삶이야말로 어떤 일이 닥쳐도 의연하게 감당해 낼 수 있다는 자신감을 길러주는 '대단한' 훈련이 되는 것이다.

더 이상 자신의 마음 가득 공허함으로 가득 찰 외면의 안전이라는 허울에 매몰되지 마라. 그것은 내가 성장할 수 있는 기회마저 박탈해 갈지도 모른다. 대신에 자신의 인생에서 가장 소중한 것은 무엇인지, 내가 어떤 삶을 살아가고 싶은 것인지에 대한 근본적인 물음들에

응답하며 살아보자. 그것이 여행을 통해서든, 아님 한 권의 책이나 인생의 멘토를 통해서든 말이다. 물음에 응답하기가 익숙한 사람일수록 외부에서 받은 영향을 자기 언어로 해석하는 능력이 탁월한데, 어찌 보면 당연한 일이다. 어느새 나의 언어로 해석되고 그렇게 만든 해석들이 많아질수록 나를 중심으로 사물과 사건들을 판단하게 된다는 위대한 '발견'도 하게 된다. 그러니 마음 저 깊은 곳에서 흘러나오는 목소리를 내치지도 누르지도 말자. 당신이 알아봐 주고 주의 깊게 관찰해 줄수록 당신 안의 진정한 거장이 살아 숨 쉬게 될 것이다.

지금 이곳이 비록 스리랑카는 아니지만, 모든 청년들이 내가 스리랑카에서 얻었던 자유를 느껴보길 바란다. 자신의 인생을 자신의 방식대로 찾고, 즐기고, 선택할 수 있는 자유를 말이다. 『젊은 시인에게 보내는 편지』의 저자 라이너 마리아 릴케의 말을 끝으로 당신의 앞날이 부디 '당신 자신의 것'이 되길 빌어본다.

"진정한 여정은 내 안의 나를 찾아가는 여정이다."

02

지독히도 흔들릴 땐, 시국 돌파 대잔치

누구나 안전하고 편안한 삶을 꿈꾼다. 태생적으로 인간은 게으르기 때문인지도 모르겠다. 안타깝게도 신은 인간에게 역경이나 시련을 부여했다. 『운을 지배하다』라는 책에서는 이 역경을 순풍의 반대말인 역풍이라는 단어로 표현한다.

"사람의 능력을 100퍼센트 끌어낼 수 있는 것은 안타깝게도 꿈이나 희망에 불타고 있을 때가 아니다. 오히려 그 반대로 위기 상황에 몰렸을 때다. (중략) 역풍은 괴롭고 힘든 법이지만 위기감을 가지고 그것을 뛰어넘으면 과정이 혹독했던 만큼 타인이 흉내 낼 수 없는 높은 차원에 도달할 수 있다."

지나고 보니 나의 백수 시절이 내 삶에 역풍이 불던 때였다. '사람의 감정이 이렇게도 굴곡질 수 있구나.'를 절실히 느껴 보았던 시절이다. 대학 졸업식엔 두 부류의 사람이 있다고 한다. 취업한 사람과 그렇지 못한 사람이다. 나는 후자에 속한 채 졸업식을 맞았다. 솔직히 졸업식에 참석하고 싶은 마음도 전혀 없었다. 아니, 좀 더 적나라하게 표현하자면 졸업식 자체가 아예 사라졌으면 좋겠다고 생각했다. 졸업식에서 맞닥뜨릴 후배나 친구들의 얼굴을 생각하면 갈 마음이 '싹' 사라지게 되는 나를 본 것이다. 대학생활을 후회 없이 보냈다고 자부한 내가 왜 이렇게까지 된 걸까?

스리랑카 여행 직후 나의 자신감은 끝을 모를 정도로 치솟았었다. 술자리든 밥 먹는 자리에서든 주변의 많은 사람들에게 이렇게 이야기 하곤 했다.

"스리랑카에서 보낸 시간이 내 인생의 전환점인 것 같아. 나를 직면할 수 있게 해줬거든. 내 생각엔, 지금보다 나은 변화를 이끌어 내려면 자기 마음속의 불만과 짜증을 무시하지 말고 그에 꼭 응답해야만 되는 것 같아. 너는 어때?"

실제로 나는 대학생활 동안 왕성하고 독특한 활동을 많이 한 터라 나를 알아보는 사람들이 많았다. 본의 아니게 단과대학 내 꽤 유명한 인사가 되어 있었던 것이다. 특히 후배들은 나를 바라보는 데 있어서 '저 선배는 졸업할 때쯤엔 뭔가 할 거 같아.'라는 시선이 강했다. 우쭐하기 딱 좋은 달콤한 시절이었다. 그랬던 내가 사회에 진출하기엔 아직 준비가 안 됐다는 이유로 어떤 회사도 선택하지 못한 채 졸업을 맞게 되었으니 마음이 오죽 쓰렸을까. 졸업 후 나는 사회적 통념에서 정의하는 공식적인 '백수생활'을 시작하게 되었다. 나의 유명세는 여전했는데 달라진 건 학교의 졸업생이 되었다는 사실뿐이었다.

다행히 운 좋게도 서류에 통과했다가 결국 필기시험에서 낙마한 국책은행 시험 준비를 위해 마음을 다잡고 도서관으로 출근하기 시작했다. 그러나 문제는 대학 내 중앙도서관에 가는 길목마다 여전히 나를 알아보는 사람들이 많았고, 그런 사람들을 만날 때마다 왠지 모르게 스스로 위축되어가는 나를 발견하게 된 것이다. 아는 체할 땐 미소로 답하지만 지나치고 나선 왠지 등 뒤에서 '어? 저 선배는 왜 도서관에 있지? 제일 먼저 좋은 데 취직할 줄 알았는데'라는 말이 들려오는 것 같았기 때문이다. 결국 얼마 지나지 않아, 나는 만인이 몰려드는 도서관을 피해 남들의 시선이 없는 전공 교수님께 방을 함께 쓸 수 없겠느냐고 요청하기에 이른다.

"교수님, 제가 올해 10월까진 국책은행 시험 준비를 좀 하려는데요. 여기 구석진 책상에서 공부 좀 할 수 있을까요? 조교처럼 교수님 잔심부름 일이든 뭐든 시키시는 일은 제가 다 하겠습니다. 음, 제가 기억하기에, 교수님 최근에 헬스장 끊으셨다고 하셨잖아요. 저도 운동 좀 했거든요. 제가 옆에서 트레이너 역할도 해드리겠습니다. 부탁인데 저 좀 받아주시면 안 되겠습니까?"

나의 황당한 요구에 교수님은 어이없어 하시면서도 평소에 관계를 잘 맺어놔서인지, 흔쾌히 그렇게 해도 좋다고 허락해주셨다. 숙식 해결을 위해 학교 근처에 고시원을 잡으면서 백수생활을 시작하기 위한 모든 준비를 마쳤다고 생각한 나는 시험공부에만 전념했다. 하지만 밤 10시쯤 공부를 마치고 고시원으로 가는 길목에서 생각지 못한 문제가 발생했다. 그 시간쯤 되면 보통 대학 근처 술집에 여전히 많은 청춘들이 얼큰하게 취해 있을 때였다. 문득, 술집 앞을 지나는 나를 발견한 후배들이 "선배, 요새 뭐 하세요? 공부? 아, 그렇구나. 조심히 들어가세요." 하며 알아보는 상황들이 또다시 발생한 것이다. 그제야 알았다. 나라는 사람이 남의 시선에 얼마나 속절없이 메여 사는지를, 남들의 말 한마디에 나의 정신은 나약한 유리알처럼 무참히 깨져버린다는 사실을 말이다. 이처럼 내 마음이 흔들리는 상황을 차단하기 위해 나는 또다시 특단의 조치를 취해야 했다. 불빛이 번쩍이는 큰

대로가 아니라 건물 뒤편의 어두컴컴한 숲길을 걸어서 고시원으로 가는 길을 선택한 것이다. 시험 준비한답시고 한자리에 수시간 동안 앉아 있는 것도 고역이었을뿐더러 불확실성에 마음을 다잡는 것조차도 안 되던 시절이었기에 갑자기 사람들을 만나는 것 자체가 나를 맥없이 흔들어놨던 것이다. 대인기피증이란 게 이런 것이 아닐까 싶을 정도로 사람들을 피해 다니며 '복잡한 심경'이라는 것을 이때 원 없이 느꼈던 것 같다. 혹여나 부모님이 들으시면 서운해하실 수도 있겠지만, 내게 가장 찬란했던 스리랑카의 추억마저 부모님은 괜한 선택이었다며 내 마음을 헤집어 놓기도 하셨다.

"스리랑카를 괜히 갔다 온 것 같다. 그 시간에 취업 준비나 더 했으면 이런 상황도 오지 않았을 거 아니냐? 공부한다고 다 되는 것도 아니고, 지금이라도 그만하고 생산직이라도 써보는 게 어떠냐? 언제까지 이러고 있을 거냐?"

인생의 전환점을 겪으면서 모든 것에 자신감이 넘쳐흘렀던 나였음에도 남들 생각과 시선이 만들어낸 공포감과 무거운 압박들에 내 자존감이 여지없이 무너지던 혹독한 시절이었다. 그 누구도 "너 백수야. 그렇게 특별한 척하더니 너도 별거 없는 놈이네."라고 말하지 않았지만, 자존감이 낮아질 대로 낮아진 나는 부정의 느낌을 너무나 쉽게 받아들였다. 그동안 멋지게 살아왔던 모든 게 부정되고, '진짜 내가 세상을 정말 몰랐던 무지한 인간이었나.' 하는 생각이 들 정도였다. 이렇게 가만히 있다가는 내 인생이 통째로 사라지는 상황에까지 치달을 것 같았다. 정신을 차리고 중심을 잡을 필요가 있었다. 다시 나의 내면과 직면해야 했다. 나에게 물었다. '지금의 선택은 누가 했는가? 바로 나다. 나는 어디든 붙기 위해 입사원서를 쓰는 내가 되고 싶지 않았기에 내게 주어진 현실과 이상을 절충한 회사에 도전하게 됐다. 어느 누구에게도 휩쓸리면서 선택하지 않았고 지금의 이 시간은 내가 원해서 선택했다.' 그렇게 자기암시를 했다. 우연인지 운명인지 모르겠지만 어느 날 화장실에서 펼쳐본 잡지 한 페이지에서 나의 흔들리는 마음에 누군가 대답이라도 하는 것처럼 '꿈이 있는 백수는 백수가 아니다.'라는 절묘한 문구를 발견했다. 그렇다. 내가 애초에 가진 생각을 믿었어야 했다.

『자기신뢰의 힘』의 저자인 랄프 왈도 에머슨은 '자기의 생각을 믿는 것'에 대해 이처럼 이야기했다. "그대 마음속에 숨겨두었던 확신을 드러내라. 그러면 그 말은 보편적인 의미를 가질 것이다. 그대 마음속에만 있던 것이 때가 되면 겉으로 드러나고, 그대가 처음에 가졌던 생각이 결국에는 마지막 심판을 알리는 나팔소리와 함께 다시 그대에게로 돌아올 것이다. 우리가 모세나 플라톤, 밀턴을 높이 평가하는 이유는, 그들이 책이나 전통 같은 것을 무시하고, 다른 사람이 아닌 자신의 생각을 말했기 때문이다."

그렇게 1년 가까이를 버티며 시험공부를 했다. 차츰 심정적으로는 롤러코스터를 타며 마음이 단련되어 갔고 목표에 대한 의지는 최고치로 높아졌다. 운이 좋게도 결과 역시 좋았다. 시험에 떨어졌더라도 그 당시에는 꼭 하고 싶었던 일이었기에 후회는 남지 않았을 것이다. 1년이라는 시간이 지났했지만 그 시간을 통해 나는 성장했다. 나에게 긴 터널 같은 백수 시절이 없었다면 내 인생의 맛은 어땠을까? 시간은 참으로 사람을 성숙하게 만드는 것 같다. 그 시절만큼은 생전 겪어보지 못한 감정들이 뒤엉켜 나를 어지럽혔지만 그때의 시련과 감성이 아니었다면 내 삶에서 풍성함을 얻을 수나 있었겠는가?

지금 당신도 역시 흔들리고 있는가? 시련과 역경의 정도는 본인만 안다. 누구와 비교할 대상이 아니다. 나 역시 지금도 흔들리며 사는 평범한 사람이다. 중요한 건 흔들릴 때마다 그 상황을 회피하지 말라는 것이다. 피한다고 해결될 일이라면 신이 우리에게 시련과 역경을 줄 이유가 없다. 그리고 우리가 견딜 수 있을 만큼의 시련만 준다고 하지 않던가. 우리의 존재 이유는 지금보다 더 나은 삶, 즉 성장하기 위해서다. 그 과정에서 필연적으로 인생의 단맛과 쓴맛을 보게 된다. 그럼에도 수많은 사람들은 쓴맛은 빼고 단맛만을 얻으려 한다. 그에 반해, 지혜로운 사람은 자극을 받고, 고통을 겪고, 패배를 경험하면서 비로소 무엇을 배웠는가를 성찰한다. 시련과 역경은 현실을 직시함으로써 자신의 현재를 알게 하고, 자신의 무지를 깨닫게 하며 자만의 망상에서 깨어날 수 있게 하는 인생의 신호인 것이다. 만약 흔들림과 역경을 회피하고자 좋은 면만을 좇는다면 내면이 없는 외면만을 혹은 그림자 없는 빛만을 얻으려는 것과 같다. 그리고 흔들릴 땐, 일부러라도 자신의 몸을 내던져라. 회피하거나 생각에만 골몰하지 말고 저지르는 용기를 가지라는 이야기다. 혹여 그렇게 입은 상처라도 곧 나아서 아물고 딱지가 앉아 쉽게 떨어진다. 신기하게도 몸을 던지며 자신의 뜻으로 버텨내는 경험을 해보면 한 치 앞도 보이지 않는 어둠 속에서 예상치 못한 상황이나 변화에 유연하게 대처해나가는 당신의 진짜 모습을 직면하게 된다. 당신은 당신이 생각하는 것 이상의 본능적인 강인함을 가진 사람이란 것을 명심하라.

03

그대는 그대의 삶, 그대로를 살아라

 "지금 가장 큰 고민은 뭐예요? 선배님."

"은퇴 후 노후지 뭐."

노동조합 간부로서 50세를 넘긴 은행 선배님들을 위한 워크숍에 초대받아 갔던 그날 저녁, 소주잔이 여러 순배 돌고 나서 선배들과 나눴던 대화 내용이다. 90년 초반에 입행했던 선배들은 이제 곧 은행생활 30년을 목전에 두고 있다. 동시에 퇴직의 앞날도 성큼 다가왔다. 그래서 선배들의 '은퇴 후 노후'가 당연한 고민일 것이다. 그러나 다음 대화에서 그것이 진짜 고민이 아니었음을 나는 알게 됐다.

"이번에 지점장으로 나가는 사람이 얼마 없다는데, 퇴직할 때까지 1급 승진은 고사하고 지점장이라도 한 번 나갈 수 있을지 모르겠네."

선배들의 고민은 사실 은퇴 후 노후라기보다 퇴직까지 남은 은행생활에서 마지막 열정을 불태워 당장 다음 승진을 해야만 하는 데 있었다. 직장인들의 보람이 월급과 승진이라고 하지만, 노후계획까지 마음 깊숙이 처박아 놓은 채 무한 경쟁에서 여전히 헤어 나오지 못하고 있는 것이다. 30여 년간 평판 좋고 안전하기로 둘째가라면 서러운 은행에 들어와서 결혼도 하고, 애도 키우고 든든한 가장으로 버텨왔다. 다만 그 삶 속에 가장으로서, 남편으로서, 직장 내 팀장으로서 존재는 있어도 '나'는 없었다는 것이다. 은행생활의 마지막 5년마저도 조직은 사고의 여유를 주지 않았다. 여유를 부리는 순간 지점장조차도 할 수 없다는 불안과 강한 스트레스에 빠져버리고 마는 것이다.

불안과 근심에 소주 한 잔을 입안에 턴다. 회사생활 이제야 10년 차인 나는 선배들의 취중진담을 들으며 20년 이후의 삶을 보았고 그들에게 왠지 모를 연민이 일었다. 선배들 역시 일상의 행복과 사랑하는 이들의 기쁨을 위해 달렸을 것이다. 그러나 어느새 웃음기는 사라지고 앞만 보는 경주마처럼 달려오지 않았던가. 지금, 오늘도, 자신이 있는 위치조차 망각할 정도의 강한 진통제가 투여되고 있는 현실을 언제쯤 알아차릴 수 있을까. 『드리밍 포인트』의 정종성 저자의 말이 인상 깊다.

"하루하루 얼마든지 소풍처럼 살 수 있다. 그런데 무엇 때문에 그러지 못할까? 소풍처럼 살다가 남들에게 치여 밀려날까 봐 두려워 결국 어느 순간 쉬지도 못하고 한눈팔 겨를도 없이 사는 어른이 되어 버린 것이다."

소풍처럼 살 수 있다는 것은 소풍 때면 으레 설레던 그 마음을 두고 하는 말일 것이다. 소풍처럼 설레는 마음을 좇는 삶이란 무엇일까? 가슴 두근거리는 삶이다. 어느 날, 우연인지 운명인지 대학시절 몸담았던 영어 학습동아리의 한 선배로부터 전화가 걸려왔다. 대단하게도 그 선배는 그 당시 수업자료 모두를 간직하고 있었고 지금으로부터 13년 전 내가 스리랑카를 다녀온 직후 작성했던 수업자료 역시 보관하고 있었다. 그 당시, 스리랑카라는 나라를 다녀오고 이를 내 인생의 전환점이라고 정의하던 그 시절 바로 그때 내가 발표자가 되어 수업을 했던 것이다. 내 수업자료의 제목은 'The goal of my own life'였다.

그날 선배와의 통화는 나를 어딘가로 이끌고 있다는 '암시' 같은 느낌을 갖게 했다. 운명이었을까? 그로부터 며칠 후 지금 동아리 회장으로부터 전화 한 통이 걸려왔다. 이유는 신입생 환영식에 참석해줄 수 있느냐의 여부를 묻고자 함이었지만, 나는 오히려 역으로 제안을 하고 나섰다.

"제가 후배님들 앞에서 동아리 수업을 하고 싶은데요. 민폐가 아니라면, 가능할까요?"

13년이 지난 지금 나는 '뻘짓'을 기획했다. 다시 한 번 대학 동아리 후배들 앞에서 'The goal of my own life'에 버금가는 주제로 발표를 하겠다고 제안한 것이다. 미친 짓이고 오지랖도 지나치게 넓은 짓이었다. 누군가는 참으로 할 일이 없어 별의별 짓을 다한다고 생각할 일이다. 하지만 누구의 시선보다 가슴 뛰는 일에 몸을 맡기라는 내면의 외침에 따를 뿐이었다. 그렇게 마음씨 좋은 후배들은 결국 나에게 기회를 주었다. 새롭게 준비해 간 나의 주제는 'The voice of my heart'였다. 애매하고 추상적이라 잘못하면 영락없이 형편없는 수업이 될 대단히 위험한 주제였다. 그러나 난 저질렀다. 그렇게 밑도 끝도 없는 내 수업은 시작됐다.

"제가 이야기하는 'The voice of my heart'는 한 경제학 교수와의 뜨거운 논쟁에서 촉발되었습니다. 그분은 시장주의를 통한 사회문제 해결을 이야기했고 저는 그 반대에서 제가 경험했던 시장의 실패 이야기로 맞섰습니다. 스리랑카에 머물 때 제가 관여했던 프로젝트가 그런 내용의 일이었거든요. 뜨거운 논쟁으로 수업이 한참 지체됐고 교수는 저에게 수업 후 교수실로 찾아오길 요구했지요. 혼내는 줄 알았는데, 생전 처음 보는 책을 저에게 건네주셨어요. 그 책 이름은 노벨 평화상을 받았던 그라민 은행 총재인 무하마드 유누스의 『가난한 사람들을 위한 은행가』였는데요. 그 책에서 신기하게도 그 당시 제가 경험했던 현실과 이론의 불일치로 날이 서 있던 저를 거짓말처럼 수긍하도록 만든 정말 멋진 문구를 발견했습니다. 그 문구는 바로 '사회적 배려를 근간으로 한 실용주의'라는 것입니다. 따뜻한 자본주의를 실현한다는 뜻이죠. 1년간의 백수생활을 이겨내며 다행히도 저는 국책은행에 입사원서를 쓰게 되었는데, 그 입사원서의 거의 모든 질문에 제 스리랑카 이야기로 답을 채웠습니다. 그중에서도 가장 인상 깊었던 질문은 '입행 후 희망 업무 분야 및 본인 미래에 대한 계획'이었는데, 대학시절 끝 무렵에 제 가슴에 꽂혔던 그 문구, '사회적 배려를 근간으로 한 실용주의'를 꽃피워 보겠다며 저의 포부와 함께 밝혔습니다. 절실하면 이뤄진다고 했던가요? 다행히 좋은 결과가 있었고 이렇게 10년이 넘게 회사를 다니고 있습니다. 저의 이야기는 여기까지입니다. 주어진 시간 내 모든 걸 다 이야기할 수가 없어 아쉽습니다만 제가 오늘 이야기하려는 'The voice of my heart'라는 표현은 한 번쯤 고민해봐야 할 주제라고 생각합니다. 여기 계신 후배님들은 지금 현재 어떤 고민을 하고 있습니까? 그리고 그 고민은 꾸준히 나를 자극하나요? 궁극적으로는 고민이 행동으로 이어지고 있나요?"

그렇게 수업을 마치고 후배들과 헤어지는 게 아쉬워 대학 근처 치킨집에서 못다 한 담소를 나누었는데 유독 한 후배의 말이 가슴에 와닿았다.

"아직 취업을 생각하기에 이른 것 같은데 벌써 취업을 하라고 강요하는 환경이 만들어져 버리니까 씁쓸한 것 같아요. 마침 저는 내일 부모님께 휴학 허락을 받으러 가야 돼요. 최소 1년은 제가 하고 싶은 공부를 하고 싶어서 그걸 부모님한테 허락받으러 가는 거예요. 굉장한 모험을 시도하고 있는 거죠. 부모님은 제가 늦둥이이기도 하고 제 위에 두 언니가 있는데 언니들 역시 아직까지 취업을 하지 못하고 공부를 하고 있어서 어떤 답이 나올지 예상이 되긴 해요. 특히 부모님은 언니들도 똑같이 휴학을 했었지만 그에 상응하는 마땅한 결과를 내지 못했기 때문에 제가 휴학하려는 결정에 대해 부정적으로 반응하실 거예요."

인생을 멀리 보고 걸어가고 싶은데 일단 주변이 급하고 부모님은 나이가 많으신 데다 언니들도 아직 자리를 못 잡다 보니 휴학하겠다는 말이 입안에서 맴돌기만 한다는 그 후배가 결국 모험을 감행했다는 소식을 최근에 듣게 됐다.

청년실업률 최악, 헬조선, 비정규직 대량 생산 등 사회 곳곳에서 힘들다고 아우성치는 세상 속에 사는 우리에겐 내가 뭘 하고 싶은지조차 묻는 게 사치일 정도다. 이러한 사회에서 생존하기 위해선, 그것도 고퀄리티로 살아남기 위해선 공무원 같은 안전하고 달콤한 안식처가 최고라고 모두들 입 맞추어 이야기한다. 경쟁에서 살아남기 위해서 상처로 얼룩지고 끙끙 앓고 있는 '자기 내면의 목소리'에 응답하기보다 타인으로부터 인정받기 위해 'yes'로만 얼룩진 추종만이 있을 뿐이다. 한편으로 타인의 시선에서 벗어나 자기만의 삶으로 살아간다는 것은 대범하거나 사람들로부터 잘난 척 또는 똘기가 다분하다고 치부될 정도로 힘든 일이긴 하다. 그런 것들이 두려워서 나 역시 오랜 시간을 남의 시선대로 살아왔다. 25살 스리랑카를 만나기 전까진 말이다. 나를 찾아가는 여정의 첫 신호탄은 남들과 비교하고 누군가에게 의존하려는 시선을 꾸역꾸역 누르면서, 동시에 내가 쳐다봐주기를 갈망하는 내 마음의 시선에 눈길을 줄 때부터였다.

이 순간 놓치지 말아야 할 것이 바로 '삶에 대한 정의를 내가 직접 만들려는 끈질긴 노력'이다. 내 인생에서 중요한 것들에 대한 해석을 내가 직접, 끈질기게 해본다는 뜻이기도 하다. 예를 들면, 나에게 돈과 행복과 성공은 각각 무엇인가, 나는 누구이고, 어디로 갈 것이며, 어떻게 도달할 것인가 등을 묻는 형식이다. 물론 녹록지 않지만 반드시 해야만 하는 일이다. 수많은 철학자들이 평생을 두고 했던 질문이어서가 아니다. 묻지 않고선 나를 찾는 여정 자체를 시작할 수 없기 때문이다. 삶에 대한 정의를 스스로 만든다는 것을 다르게 표현하면 인생은 사지선다형으로 표현된 객관식이 아니라 주관식으로 살아가는 것과 같다는 것이다. 관점 디자이너 박용후는 그의 책에서 이렇게 말했다.

"객관식(客觀式)이라고 할 때의 객(客)은 뭘 말하는가? 바로 손님 아닌가! 자신의 인생을 객관식으로 살아간다면, 주어진 답안지 중에 가장 무난한 길로만 살아간다면, 그 사람은 자신의 삶을 사는 것이 아니라 객(客), 즉 손님의 삶을 사는 것이나 다름없다. 젊은이들이여, 당신 인생의 주인공은 바로 당신이다. 손님의 관점으로 살지 말고 주관(主管), 즉 주인의 관점으로 살아가라."

그렇다. 우린 너무 객관식에 물들어 있고 그것을 평가하는 세상과 시선에 젖어 살고 있다. 익숙함과의 이별이 큰 고통을 수반하더라도 '진짜 내 인생'을 살기 위해서라도 이제는 모험을 감행해야 한다. 애초에 배는 정박하기 위해서 만든 것이 아니라 항해를 위해 만든 것이다. 어느 누구와도 비교할 필요가 없고 누구에게도 증명할 필요도 없는 그대의 삶, 그대로를 살기 위해 항해하는 배에 올라타라.

04

김은주

저자 김은주는 해외시장개척 및 수출컨설팅 전문기업인 EMC 글로벌의 대표이자, 무역 실무 강사로 활동 중이다. 남성의 영역으로 여겨졌던 수출자문 컨설턴트 및 해외영업 실무 부문에서 대한민국 여성으로서는 처음으로 전문가의 영역을 구축하였다. 지방대 학력, 여성이라는 약점을 극복하고 영어, 일어, 중국어 등 4개 국어를 마스터하며, 사회가 이뤄놓은 장벽을 보기 좋게 깨트려왔다. 자신과 같은 꿈을 꾸고 있는 20대 여성들에게 반드시 해낼 수 있다는 꿈과 희망을 보여주고 있는 저자는, 지금껏 25개국, 150회 출장, 20만 마일리지라는 엄청난 열정의 표식을 보여주며 여전히 더 큰 꿈을 향해 비행하고 있다.

힘들 때마다 오뚝이처럼 일으켜 세워주는 어른아이 같은 아들과 함께 알콩달콩 살고 있으며, 원하는 삶을 살기 위해 세상과 맞서야 하는 많은 여성이 덜 아프고 덜 상처받으며 성장하도록 아낌없이 조언하는 '긍정 테라피스트'로 살아가고 있다.

여성이 도전하기 힘든 전자기술영업에 과감히 도전, 국내영업을 거쳐 해외영업의 꿈을 이루었으며, 우수한 성과와 기여를 인정받아 모범여성근로자상, 수출유공자상, 중소기업유공자상, 우수관세협조자상 등을 수상했다. 중소기업에서 14년 동안 해외영업과 국내영업을 병행해야 하는 멀티테스킹 환경 속에서 일하며 남보다 2배 많은 경험을 하였고, 그 경험을 바탕으로 경기도 기업SOS 지원센터 수출자문위원, 농수산유통공사와 경남농업기술원 등 정부산하기관의 무역실무 강사, 해외시장개척 전문가, 글로벌비즈니스 협업 전문가, 글로벌비즈니스 협상 전문가, 중소기업 전문가 등 다양한 분야의 전문가로 활약하고 있다.

---

* 이메일: beadkim77@gmail.com

* 블로그: www.facebook.com/eunju7777

01

고장 난 TV가 세상을 바꾸었다

남편이 갑자기 세상을 떠난 날, 남편이 죽은 것이 맞냐고 정말 맞냐고 묻고 또 물었던 날, 그래도 믿기지 않아 또 묻다가 믿을 수 없다며 미친 듯이 울부짖었던 그날, 그날은 바로 내남은 인생의 첫날이었다. 아들은 아빠가 살아계시기만 하면 된다고, 치료만 할 수 있으면 되니 사실대로 말해달라고 애원했지만, 결국 '사실'이라는 말에 난생처음 손을 심하게 떨며 경련했다. 나는 그런 아들을 안고 괜찮다고, 괜찮다고, 엄마가 있지 않느냐고 했지만, 나 역시 현실을 받아들이는 것이 너무 무서웠다.

갑자기 남편이 세상을 떠난 후 나는 절망에 빠졌다. 그 강렬한 충격에 내가 누구인지조차 잊어버리고, 이 고통에서 벗어나기 위해서는 차라리 죽는 것이 낫겠다는 생각마저 들었다. 남편 없이 앞으로 무엇을 해야 할지, 어떻게 살아야 할지 알 수 없었다. 의욕은 완전히 잃었고, 왜 사는지도 알 수 없었다. 남편의 일을 처리하러 여기저기 다니다 주저앉아 하염없이 울기도 했다. 남편의 사망신고를 하던 날, 손은 심하게 떨렸고 하염없이 흐르는 눈물이 앞을 가려 사망신고서도 제대로 작성할 수 없었다. 그 모든 일을 제정신이 아닌 내가 처리해야 하다니, 참 가혹하기만 했다.

사람들은 말한다. 이제 아들을 위해서라도 툴툴 털고 일어나 열심히 살아야 하지 않겠냐고. 그게 위로란다. 내가 얼마나 큰 고통을 겪고 있는지 알지도 못하는 사람들이 그걸 위로라고 말한다. 그런 말들이 더 큰 상처가 되는지도 모른 채 말이다. 한 가지 분명한 사실은, 사람들은 다른 사람의 고통에 별 관심이 없다는 것이다. 경험하지 못한 사람은 사랑하는 사람이 떠난 상실감을 절대 공감하지 못한다. 피부에 난 가벼운 상처처럼 시간이 조금 지나면 금방 괜찮아질 것으로 생각한다. 시간이 지날수록 더 깊은 상처가 된다는 것을 모르기 때문에 아직도 힘드냐고, 이제는 괜찮아져야 하지 않느냐고 묻는다. 하지만 왜 내 슬픔을 알지 못하냐고 그들을 탓하고 싶지는 않다. 사랑하는 사람을 떠나보내지 않고서는 그 찢어지는 마음을 결코 알 수 없을 것이기 때문이다.

인간의 기억은 축복이자 고통이다. 남편이 나를 바라보던 따뜻한 시선과 섬세한 사랑의 표현들이 떠올라, 남편이 미칠 듯이 보고 싶었다. 남편이 나를 얼마나 사랑했는지 기억하기에 그 기억은 고통이 되었다. 그 고통으로 인해 차라리 기억상실증에 걸리면 좋겠다고 생각했다.

드라마 〈도깨비〉의 저승사자는 망자가 저승길을 가기 전에 마지막으로 차 한 잔을 권한다. 망자가 왜 차를 마셔야 되냐고 묻자, 저승사자는 이승의 기억을 모두 잊게 해주는 신의 마지막 배려라고 한다. 나는 그때 그 말의 의미를 잘 이해하지 못했다. 하지만 이제는 그것이

얼마나 큰 신의 배려인지 알 것 같다. 나도 그 차를 한 잔 마시고, 행복한 기억으로 인한 고통이 더 이상 없었으면 좋겠다고 생각했다. 남편도 그 차 한 잔 꼭 마시고, 이생의 행복한 기억이나 고통을 모두 잊고 그곳에서 부디 행복하기를 바란다.

남편이 세상을 떠났고 그래서 나의 인생도 완전히 바뀌었지만 이 세상은 변한 게 하나도 없었다. 모든 것은 있던 그 자리에 그대로 있고, 사람들은 일상으로 돌아가 이전처럼 그들의 삶을 이어갔다. 변한 것은 오직 사랑하는 나의 남편이 사라졌고, 이제 더 이상 그 착한 사람을 볼 수 없다는 것뿐이었다. 남편이 아끼던 시계를 보며 인생이 참 허무하다는 생각이 들었다. 우리는 천년만년 영원히 살 것이라고 착각하지만, 우리도 언젠가는 죽을 것이고 갈 때는 아끼던 시계 하나 가져가지 못하고 그렇게 맨손으로 떠난다. 그것이 삶이다. 그래서 하늘이 부르는 그날까지 나의 하루하루를 후회 없이, 최선을 다해 살아야 한다.

나는 제정신이 아닌 상태로 3개월을 보냈다. 일도 제대로 하지 못한 채 집에서 넋을 놓고 있었다. 5월 초 근로자의 날을 포함해 긴 연휴가 시작되었고, 나는 집에서 멍하니 TV만 보고 있었다. 그러던 어느 날 아침, 그날도 TV를 켰는데 고장이 났는지 채널이 바뀌지 않았다. 가끔 그런 경우가 있긴 했지만, 그럴 때마다 남편이 고쳐주거나 이리저리 몇 번 만지작거리면 고쳐지곤 했다. 하지만 이번에는 아무리 만져도 채널이 바뀌지 않았다. 그렇게 채널을 바꾸지 못하고 멍하게 TV를 보고 있는데, 계속 보다 보니 방송 내용이 눈에 들어오기 시작했다.

그 방송은 〈세상을 바꾸는 시간, 15분〉이라는 강연 프로그램이었다. 이전에는 이 강연 프로그램을 한 번도 제대로 본 적이 없었다. 이 프로그램이 나오면 다른 채널로 돌리곤 했다. 이전의 다른 강연들처럼 대학교수나 박사들의 딱딱한 원론 강의라고 생각했기 때문이다. 그런데 이 프로그램은 다양한 연령과 직업, 배경을 가진 평범한, 그렇지만 위대한 보통 사람들이 자신의 스토리와 삶을 통해 얻은 메시지를 전달했고, 감동이 있었다.

그렇게 온종일 8시간 정도 수십 명의 강연을 들었다. 그러다가 조금씩 정신이 들기 시작했고, 문득 '내가 저 강연에 나가야 되는데…' 하는 생각이 들었다. 지금의 이 절망에서 속히 일어나, 내가 이제까지 수많은 좌절을 딛고 어떻게 일어섰는지 '나의 이야기'를 들려주고 싶었다. 나처럼 힘든 사람들에게 희망이 되고 싶었다. 나는 즉시로 컴퓨터 앞에 앉아 검색을 하기 시작했다. 수많은 강연자 중 큰 감동을 준 강연자들은 어떤 사람들일까? 그랬더니 대부분이 책을 쓴 작가들이었다. 그러면 유명 강연 프로그램에 나가려면 책을 써야 하는 것일까?

그렇게 생각하며 책장을 지나치는데, 한 권의 책이 눈에 들어왔다. 그 책은 『하루 한 시간, 책 쓰기의 힘』이었다. 몇 달 전에 사다 놓고 읽지 않았는데 이제야 눈에 띈 것이다. 그 책을 단숨에 읽으며 '그래, 바로 당장 책을 써야해.'라고 결심하고, 그 책의 작가이자 책 코칭 전문가인 지인에게 연락을 해서 만나고 싶다고 했다. 지인을 만나 책을 쓰기로 한 나의 결심과 그것이 얼마나 간절한지를 얘기하고, 책을 쓰기 위해서는 구체적으로 어떻게 해야 하는지 상의했다.

『결단』을 쓴 작가 천천, 쉬지엔은, 여러 번의 실패와 좌절을 겪으면서 삶에 대한 용기를 상실했다고 한다. 그때 우연히 TV에서 야생동물의 삶을 소개하는 프로그램을 보게 되었는데, 야생동물이 냉혹한 약육강식의 환경에서 강인한 생존의지로 살아가는 모습을 보며 큰 깨달음을 얻게 되었고, 그런 깨달음에서 영감을 받아 그 책을 쓰게 되었다고 한다. 나도 마찬가지였다. 나도 고장 난 TV를 보다 절망 속에서 일어설 수 있는 빛을 보았고, 그렇게 운명처럼 책을 쓰게 되었다.

우리는 보통 역경 속에 나를 일으켜 세워줄 천사를 찾는다. 그러나 어떠한 절망에서도 나 스스로 일어나야 한다. 누군가에게 위로받고 기대려 하고 일으켜 세워주길 바라는 것은 자신을 한없이 나약하게 만든다. 절망 속에서 내가 무엇을 해야 하고 어떻게 가야 하는지는 스스로 답을 찾아야 한다. 그것을 알게 되기까지 상처도 많이 받고 사람들도 원망한다. 나 또한 남편이 세상을 떠난 후 얼마나 위로받으려 했으며 또 얼마나 상처를 받았던가. 고장 난 TV를 보며 나는 더 이상 누군가에게 의지하거나 위로받으려 하는 마음을 포기했다. 그리고 스스로 일어서기로 결단한 순간 세상은 변했다. 내가 변해야 세상도 변하는 것이다. 이제 나는 스스로 일어나 책을 쓰겠다고 결단했다. 그 목표에 집중해 자신감을 가지고 정진한다면, 내 삶은 이미 내가 원하는 대로 이루어져 있을 것이다.

프랑스의 시인이자 사상가인 폴 발레리는 "생각하는 대로 살아라. 그러지 않으면 머지않아 사는 대로 생각하게 될 것이다."라고 말했다. 내가 선택한 대로, 생각한 대로 행동하지 않는다면 어떠한 발전과 진보도 없이 그 자리에 그대로 있을 것이고, 그런 자신을 자책하는 삶만 반복할 것이다. 이제 진정으로 절망에서 벗어나고 싶다면, 변하고 싶다면 습관처럼 살았던 삶에서 벗어나 생각한 대로, 선택한 대로 실천해야 한다.

『하느님과의 수다』의 저자 사토 미쓰로는 "눈앞의 사건을 나쁜 일로 판단하지 않는 습관이 붙기 시작하면 일어나는 모든 일의 타이밍은 완벽하다는 사실을 깨닫게 된다."라고 말했다. 이렇게 받아들임으로써 순식간에 행복한 미래를 끌어당길 수 있다고 한다. 나쁜 일이라고 보이는 일은, 보다 행복해지기 위해서 그때 일어난 일인 것이다. 나쁜 일이 일어났어도 그것을 나쁜 일이라고 판단하지 않는 연습을 하고 그것이 자연스러운 습관이 된다면, 일어나는 모든 일은 완벽한

일이 된다. 때로는 좋은 일이 꼭 좋은 일이 아니고, 나쁜 일이 꼭 나쁜 일이 아니다. 이렇게 나쁜 일이라는 인식을 바꿈으로써 모든 일의 타이밍은 완벽하다는 사실을 알게 된다. 그때 그날 그 시간에 TV가 고장 난 것도, 8시간 동안 〈세상을 바꾸는 시간, 15분〉을 보며 책 쓰기를 결단한 것도, 일어날 일이 완벽한 타이밍에 일어난 것이다.

02

살기 위해 책을 쓰다

학교에서 선생님으로부터 연락이 왔다. 아들이 수업 시간에 계속 잔다는 것이다. 밤과 낮이 바뀐 것 같은데, 밤새 게 임이나 스마트폰을 하는 건 아닌지 확인해보라고 하신다. 이런 연락을 받은 것이 두 번째이기에, 걱정이 많이 되어 학교에서 돌아온 아들에게 물었다.

"학교 선생님한테 연락이 왔어. 수업시간에 계속 잔다고 하던데, 맞니?"

아들은 한동안 말이 없다가, 재차 물으니 대답했다.

"친한 친구도 없고, 하루 종일 혼자서…. 학교생활이 너무 힘들어 요. 점심도 안 먹을 때가 많았어요. 혼자 먹기 싫어서, 그냥 잤어요."

가슴이 무너져 내렸다. 한참 많이 먹을 나이에 혼자 밥을 먹는 것 이 싫어서 차라리 굶는 것을 선택했다니…. 작년까지만 해도 친구가 그렇게 많고 학교생활을 즐거워하던 아이였다. 하지만 아빠가 돌아가신 후 새로운 고등학교에 진학하면서 그 여러 가지 상황 변화에 적응하지 못한 것 같다. 충격 속에 완전히 의욕을 상실한 것이다. 이렇게 힘든 상황에서 그나마 친한 친구들과 같은 학교에 다녔다면 위로가 되고 큰 힘이 되었을 텐데, 가장 힘든 시기에 낯선 환경에서 새로운 친구를 사귀어야 하니 얼마나 힘들었을까. 어린 아들은 아무도 의지하지 못한 채 홀로 그 좌절에서 벗어나야 했다. 무엇보다 이것이 큰 시련이었을 것이다.

"그래도, 혼자라도 점심은 먹어."

이 말밖에는 할 말이 없었다. 그렇게 감당하기 힘든 아픔에, 삶의 의미도 느끼지 못한 채 무기력하게 앉아 있는 아들에게 해줄 수 있는 말이 고작 이거라니…. 어른인 내가 아들을 위해 할 수 있는 것이라고는 아들을 격려하며 이 힘든 시기를 잘 버티고 일어서기를 지켜봐 주는 것 말고는 없었다. 그것이 더 가슴이 아프다. 내가 내 아픔에 빠져 힘들어하는 동안, 어린 아들도 자신의 아픔과 처절히 싸우고 있었구나.

언젠가는 나와 비슷한 처지에 있던 지인의 딸이 내 아들의 얘기를 듣고는, "살아 숨 쉬고 있는 것만으로도 감사해야 한다."고 말했다. 맞는 말이다. 그 아이도 아빠가 돌아가셨기 때문에 그 아픔이 얼마나 큰지 잘 안다. 그래서 아들의 아픔을 더욱더 공감하고 이해하는 것 같다. 그 말을 들으니 한편으로 미안한 마음이 들었다. 적어도 나는 부모님이 모두 살아계시기에, 내 아들처럼 아버지와 영원한 이별을 한 적이 없다. 내가 어찌 아들의 그 큰 슬픔을 알 수 있겠는가?

얼마 전, 남편이 대출받은 대출이자가 연체되었다는 독촉장이 날아왔다. 우리가 처음 이사 갈 때 돈이 많이 부족하여 남편은 추가로

내 마음대로 사는 게 뭐 어때서?

대출을 받았었다. 그동안 남편이 이자를 내고 있었기에 잊어버리고 있었는데, 대출 당사자가 사망했으니 이제는 상속권자인 내가 내야 한다는 것이다. 나는 지금은 여유가 없으니 대출 상환 기일까지는 이 자만 내고 몇 달 후에 모두 상환하겠다고 사정했으나, 은행은 안 된다고 단호히 거절했다. 나는 너무나 당황스럽고 비참한 마음에, 그래도 수십 년을 거래했던 고객이었는데 사람이 돈으로밖에 안 보이냐고 말하며 은행에서 한참을 울었다.

삶은 참 가혹하다는 것을 다시 한 번 깨달았다. 세상에 태어나 처음 겪어보는 이 모든 상황은 연약한 내가 감당하기엔 너무나 힘들었다. 사랑하는 남편과의 사별의 충격, 사랑하는 아빠와의 영원한 이별의 아픔 속에 힘겹게 버티고 있는 아들, 그 아들을 지켜보며 찢어지는 내 가슴, 그 아픔을 뒤로하고 내가 감당해야 하는 모든 의무와 책임, 그리고 남은 우리 가족을 위해 찾아야 하는 유족의 권리, 내가 할 수 있는 모든 것을 다 한다 해도 여전히 허무한 상실감, 그 모든 것이 나에게는 처음이었기 때문에 나는 매 순간 무너지고 또 일어서야 했다.

나는 주말이 되면 여러 가지 '나쁜 생각'에 머리가 핑 돌 때가 있다. '앞으로 어떻게 살아야 하나.' 하는 막막한 생각, 다시 일어서지 못할 것 같은 부정적인 생각들이다. 그럴 때면 앞으로 잘 해낼 수 있다는 자신감이 사라지고, 한없이 무기력해진다. 그냥 누워서 일어나고 싶지 않다는 생각이 들 때도 있다. 이러다 더 이상 살고 싶지 않다는 생각이 들까 봐 두렵기까지 하다.

그런 생각들로 힘겨워지면, 나는 가방을 싸들고 도서관으로 향한다. 지금 이 순간도 나는 책을 쓰며 버티고 있다. 책을 쓰면서 행복했던 순간, 감사했던 순간을 생각한다. 그러면서 이 모든 고통을 넘어

그래도 내가 살아야 하는 이유, 행복해야 하는 이유를 생각한다. 삶의 가치를 생각해 본다. 그러면 이전에 우리 가족이 함께했던 모든 시간이 가장 행복한 순간이었고 그래서 감사한 시간들이었다는 것을 알게 된다. 인생에서 처음 겪는 매 순간의 고통들은 오히려 나에게 행복이 무엇인지를 알게 해 주었다.

얼마나 어리석었던가. 가장 행복했던 시간을 행복한 줄도 모른 채 더 이루고, 더 갖고, 더 행복하기를 원했었다. 이제는 같은 실수를 반복하며 살지 않기를 바란다. 지금 이 순간이 가장 행복하고 가장 가치 있는 시간임을 알고, 매 순간 감사하며 살고 싶다. 더 이루고, 더 완벽하지 못하다며 불안해하거나 불평하지 않고 싶다. 불행한 이유보다 행복한 이유를 찾고 싶다.

스승 톨스토이의 가르침대로 영적 수행의 삶을 산 제임스 알렌은 『나를 바꾸면 모든 것이 변한다』라는 책에서 "병과 건강은 환경과 같다. 내면의 마음 상태가 밖으로 나타난 것이다. 병적인 생각은 결국 병을 만들고, 격렬한 두려움은 탄환에도 지지 않을 만큼 빠른 속도로 인간을 죽음으로 몰고 간다."라고 말했다. 또, "지금 처지에 불만을 가지고 있다면, 가장 먼저 해야 할 일은 마음을 바꾸고 주어진 임무를 성실하게 처리하는 것이다. 그런 다음 장래에 희망을 품고 새로운 가능성이 다가올 때까지 두 눈을 반짝이며 기다려야 한다."고 했다.

나의 의지와 상관없이 통제 불가능한 상황에서 내가 바로 설 수 있는 방법은 나 자신의 생각을 바꾸는 것밖에 없다. 내 마음대로 되지 않는 세상을 향해 '왜 세상은 내 뜻대로 되지 않는 거지?'라고 원망하는 것은 어리석은 짓이고, 스스로를 병들게 한다. 이제 행복해지고 싶다면 '세상이 바뀌어야 내가 변한다.'는 환상을 버리고, '내가 바뀌어야 세상이 변한다.'는 진리를 받아들여야 한다.

나는 단지 책을 쓰는 일에 집중할 뿐이고, 내게 닥치는 모든 일들도 순리에 따라 하나씩 해결해 나갈 수 있기를 바랄 뿐이다. 나의 간절한 소망에도 불구하고 내 의지와 상관없이 일어나는 일들이 많지만, 그런 것들도 분명 그때 일어나야 할 필연이 있을 것이다. 그 모든 일들을 '왜'라는 이유 없이 이제는 그저 담담하게 받아들이고 싶다. '앞으로 불행한 일이 또 일어나면 어떻게 하지?' 하는 두려움은 나를 끊임없이 불안하고 아프게 하기 때문이다.

며칠 전, 여러 가지 일과 걱정으로 잠을 설친 후, 두통이 심한 상태에서 경남 농업기술원 무역 강의를 위해 진주에 다녀온 적이 있다. 강의 전날부터 심한 두통에 몸 상태가 좋지 않았다. 진통제를 먹고 억지로 강의를 마쳤으나, 돌아오는 길에 심하게 체했는지 몇 번을 토했다. 돌아와서도 계속 머리가 아프고 속도 쓰려 주말 내내 앓아누웠다. 극심한 두통에 목감기까지 겹쳐 결국 병원에 가서 링거 주사를 맞으며 쓰러져 잠이 들었다.

　그동안 마주해야 했던 여러 가지 문제들과 걱정으로 마음이 힘들어 몸도 아프게 된 것 같다. 주사를 맞고 누워 있자니, 내가 아플 때마다 남편이 전복죽을 사 오던 것이 생각나서 서글퍼졌다. 하지만 생각을 바꾸어 보았다.

　'이렇게 큰일을 겪고도 두 번밖에 안 아팠으니 내가 많이 강해졌구나.'

　그러자 어느 정도는 우울한 생각에서 벗어나게 되었다. 자주 다니던 한의원 원장님도 그런 말을 한 적이 있었다. "몸이 아프다는 것은 잠시 쉬어가라는 신호일 뿐이에요. 브레이크 없이 달리다 한방에 쓰러지는 것보다는 낫습니다." 이런 말들을 기억하며 내 생각은 차츰 긍정적으로 바뀌었다. 결국 내 생각에 따라 불행하기도 하고 행복하기도 한 것이다.

　세계인의 존경을 받고 있는 종교지도자이자 평화운동가인 달라이 라마는 그의 저서 『달라이 라마의 관용』에서 이렇게 말했다. "나는 우리의 마음가짐을 바꾸는 것이 가장 중요한 일이라고 말하고 싶습니다. 그래야 새로운 사고방식으로 새로운 미래를 바라볼 수 있을 테니까요. 나는 우리가 새로운 내면의 세계를 일구기 위하여 노력을 아끼지 말아야 한다고 생각합니다."

　우리를 떠난 남편이 남겨진 가족에게 진심으로 바라는 것이 무엇일까 생각해보았다. 아마도 나와 아들이 고통스러운 이유보다 행복해야 하는 이유를 찾고, 지금보다 더 행복해지는 것이 아닐까? 그리고 이제는 셋이 아닌 둘이서 온전히 설 수 있는 방법을 찾기 원할 것이다. '셋이 아니라 둘이라서 슬프다.'는 생각에서 벗어나, '둘이서 더 행복해지는' 방법을 찾기 바랄 것이다.

　미국의 사상가이자 시인인 랄프 왈도 에머슨은 그의 저서 『스스로 행복한 사람』에서, "나를 구원하는 것은 나 자신이다. 인간은 홀로 설 수 있고, 홀로 서야 한다."라고 말했다. 우리는 누구 때문에, 무엇 때문에 행복한 것이 아니라, 자신만으로도 충분히 행복해질 수 있다고 한다. 또한 인간은 혼자서 행복할 때 둘이서도 행복할 수 있다. 혼자라서 불행하다면 둘이서도 불행할 것이다. 누군가 나를 구원해주기를 바라는 그 마음 자체를 포기할 때 아름답게 홀로 설 수 있다.

　처음에는 남편과 함께 하던 일들을 혼자서 해야 할 때마다 당황스럽고, 슬프고, 외롭고, 말로 표현할 수 없는 상태가 되었다. 하지만 이제는 혼자서도 씩씩하게 잘 해낼 수 있다고, 행복할 수 있다고 다짐하며 하루하루를 보내려 한다. 남편도 자신 때문에 더 이상 슬퍼하지 않고 스스로 서서 행복해지는 우리의 모습을 바랄 것이다. 그 착한 사람은 아들과 내가 아픔을 딛고 일어나 그렇게 멋지게 홀로서기를 응원할 것이다. 이제 누구 때문에, 무엇 때문에가 아니라 나의 존재 자체,

아들의 존재 자체만으로도 충분히 행복하다. 그렇게 스스로를 진정 사랑하며 감사하려고 한다.

　　나는 그렇게 살기 위해, 오늘도 책을 쓴다.

03

1퍼센트 의심도 없이 100퍼센트 긍정하라

나는 중소기업의 해외 마케팅을 위해 수출자문이라는 일을 하고 있다. 이 일은 중소기업들이 스스로의 힘을 길러 원하는 목표의 수출을 할 수 있도록, 그들의 마케팅 능력을 키워주는 것이다. 수출을 시작하고자 하는 기업에게 자문을 할 때면, 내가 가장 먼저 하는 말이 있다. 그것은 '할 수 있다.'는 자신감부터 가지라는 말이다. 우수한 기술과 좋은 제품, 오랜 역사, 수많은 공급 실적을 가지고 있는 기업 대표를 면담할 때도 마찬가지다. 대부분은 "우리가 수출을 할 수 있을까요?"라고 말하는데, 나는 그들에게도 동일하게 말한다. 우리 기업들이 수출을 하기 위해 가장 필요한 것은 '할 수 있다.'는 자신감이라고 항상 강조한다. 그러한 자신감이 형성되었다면, 다음으로는 기업이 얼마나 뛰어난 장점을 가지고 있는지를 찾아내야 한다. 그리고 그것을 멋지게 포장해서, 우리 제품을 살 해외 바이어들에게 잘 보여주기만 하면 된다.

아무리 좋은 장점을 가지고 있어도 스스로 자신의 장점에 대한 확신이 없으면 일을 추진할 수가 없고 좋은 결과도 기대할 수 없다. 그래서 나는 먼저 '할 수 있다.'는 자기 확신을 세뇌가 될 정도로 끊임없이 반복해서 말한다. 그런 자기 확신도 끊임없는 반복과 훈련에 의해서만 자연스럽게 몸에 배게 되고, 스스로 할 수 있다는 신념이 생길 때에야 비로소 놀라운 변화들이 나타나기 때문이다.

얼마 전, 수출자문을 하고 있는 50억 규모의 건실한 중소기업의 바이어를 상담한 적이 있다. 이 기업은 그동안 여러 어려움 속에서도 포기하지 않고 계속해서 해외시장 개척과 수출을 위해 노력하고 있었는데, 이번 바이어 상담회에서 처음 만난 베트남 바이어와 MOU 계약을 체결하는 성과를 거두게 되었다. 그동안 여러 바이어와 상담을 해왔지만 바이어와 처음 만나서 바로 MOU 계약을 체결하게 된 것은 처음이고, 더욱이 바이어가 먼저 계약을 체결하고 싶다고 제의해 온 것은 정말 놀라운 일이었다.

물론 MOU 계약은 일반적으로 정식계약을 체결하기 전에 "서로 협력해서 앞으로 좋은 비즈니스를 하자."는 취지의 가계약과 같은 의미가 있을 뿐, 의무와 책임이 따르는 계약은 아니다. 하지만 신중한 해외바이어들은 선뜻 MOU를 체결하려고 하지 않는다. 그런데 바이어가 먼저 MOU 계약 체결을 제안했다는 것은 우리 기업에게 상당한 비즈니스 매력을 느꼈기 때문이다. 나는 그것이 무엇보다 우리 기업이 바이어와의 상담에서 강한 자신감을 보였고, 그것이 바이어로 하여금 우리 기업에 대한 신뢰를 갖도록 한 것이라고 생각한다. 이처럼 '할 수 있다.'는 긍정의 자세는 이제까지 일어나지 않았던 놀라운 일들을 일어나게 한다. 1퍼센트의 의심도 없이 100퍼센트 긍정한다면 불가능해 보였던 일들도 기적처럼 일어나게 되는 것이다.

그래서 수출컨설턴트인 나는 그 무엇보다 우리 기업의 잠재력과 가능성, 장점을 찾아내어 자신감을 갖도록 격려하고, 그것을 발현할 수 있는 모든 마케팅 방법을 찾아내는 것에 주력한다.

철강 왕 앤드류 카네기로부터 100만 달러의 연봉을 받을 만큼 능력을 인정받은 슈워브는 "남의 장점을 키우기 위해서는 칭찬해 주는 것과 격려해 주는 것이 가장 좋은 방법입니다. 저는 결코 남을 비난하지 않습니다. 사람을 일하게 만들려면 힘을 북돋아 주는 일이 가장 필요하다고 믿습니다."라고 했다. 슈워브는 못하는 것이 아니라 잘하는 것에 주목하고 잘하는 것을 더 잘하게 함으로써 훌륭한 성과를 내고 조직에 기여했다. 못하는 아홉 가지가 아니라 잘하는 한 가지의 장점을 살려 최대한 실력 발휘를 할 수 있게 격려하는 사람이야말로 가장 위대한 사람이다. 못하는 것에 집중하는 순간, 부정적인 에너지가 잘하는 것까지 사라지게 만든다.

프랑스 황제 나폴레옹은 "1퍼센트의 가능성, 그것이 바로 나의 길이다."라고 말했다. 우리는 어떤 시련 속에서도 안 될 것이라는 의심과 불안을 버리고, 할 수 있고, 더 잘 될 것이라는 믿음과 긍정의 에너지를 포기해서는 안 된다. 최악의 상황일수록 99퍼센트의 실패의 확률보다 1퍼센트의 성공의 확률을 믿는 것이 좌절에서 일어설 수 있는 정답이다. 나는 이제까지 그 이상의 명답을 본 적이 없다.

내가 지금 처한 이러한 시련 속에서 버틸 수 있는 것도, '나는 일어설 수 있고, 무엇이든 할 수 있고, 더 잘 될 것'이라는 믿음과 확신 때문이다. 나의 현실은 암담한 어둠 속에서 앞이 보이지 않지만, 어둠 속에 머물러 세상을 원망하고 싶지는 않다. 나는 어둠 속에서 빛을 찾

고 있으며, 이 어둠이 지나면 찬란한 빛이 기다리고 있다고 믿는다. 조금도 의심하거나 부정하지 않고 온전히 믿을 때, 그것이 현실이 되어 내 눈앞에 나타난다고 확신한다.

'내가 다시 일어설 수 있을까?'라는 두려움에 자신감을 잃고 힘들어 할 때마다, 나를 다시 뛰게 했던 것은 바로 "너는 할 수 있어."라는 큰언니의 응원이었다. 내가 무너지려 할 때마다 큰언니는 나에게 말했다.

"너는 어렸을 때부터 다른 형제들과 달랐어. 항상 긍정적이었고, 무슨 일이 있어도 목표를 향해 앞만 보고 갔고, 그래서 잘할 수 있었어. 그러니까 너는 할 수 있어."

언니의 이 말은 매 순간 무너지려 하는 나를 일어서게 했고, 다시 뛰게 했다.

성공철학의 대가 나폴레온 힐은 "인생에서 최악의 순간에 직면했을 때 가족과 친구들이 나에게 전한 축복을 떠올려야 한다. 이것이 일시적인 좌절에서 벗어나 미래를 바라볼 수 있는 가장 빠른 길이다."라고 말했다. 내가 아무리 사랑하고 지키고 싶은 사람이 있어도, 나 스스로 바로 서지 못하면 사랑하는 사람을 위해 아무것도 할 수 없다. 먼저 나 자신이 바로 서려면 어떤 상황에서도 빛을 잃어서는 안 된다. 이 순간 나를 바로 서게 해줄 수 있는 사람은 나를 격려하고, 응원하고, 잘하고 있다고 지지하는 사람이다.

나의 선택과 판단, 신념을 평가하거나, 부정적인 피드백을 하는 사람을 가까이하고 싶지 않다. 부정적인 사람은 나의 긍정적인 에너지까지 빼앗아가 나를 더욱 힘들게 만들기 때문이다. 가장 힘든 때일수록 어떠한 이유와 조건 없이 나를 응원하고 격려하는 사람을 가까이해야 하고, 나를 무기력하게 만드는 부정적인 사람을 멀리해야 한다.

"학교에서 미술부장을 하겠다고 손을 들었어요. 다음엔 반장 선거에도 나가려구요."

"진짜?"

아빠가 돌아가시고 채 한 달도 안 되어 고등학교에 진학한 아들이 어느 날 갑자기 미술부장이 되어 왔다. 그것도 자기가 먼저 자원했단다. 나는 멍한 상태로 누워 있다가 아들의 말을 듣고 벌떡 일어났다. 아들은 이제까지 반장이든 기타 부장이든 스스로 선택하여 지원한 적이 거의 없었다. 그런데 이런 상황에서 아들이 용기를 낸 것이다. 어른인 나도 정신을 못 차리고 힘들어하는 이 상황에서 말이다. 정말로 정신이 번쩍 들었다.

때로는 도저히 불가능할 것 같은 상황에서 용기를 내어 일어서는 사람이 다른 사람도 일어설 수 있게 하는 법이다. 아들은 자기 인생에서 가장 힘들고 고통스러운 나날을 보내면서도 무기력한 이 엄마를 돌아보게 하고 일어서게 했다. 그래서 나도 내 책을 통해 누군가에게 따뜻한 응원과 격려를 보내고 싶은 것이다. 나도 했으니 당신도 할 수 있다고 말이다. 나의 어둠의 시간이 누군가에게 희망이 되기를 바란다.

아쉽지만 아들은 반장 선거에서 떨어졌단다. 학생회 임원도 되지 못했다. 하지만 떨어졌다는 것보다 더 힘들었던 것은 '네가 도전해서 되겠느냐?'는 친구의 말이었다고 한다. 절망 속에서 죽을힘을 다해 희망을 선택했는데, 그것에 대해 지지와 격려를 받지 못한다는 것은 가슴 아픈 일이다. 그래서 힘든 상황일수록 어떤 사람을 가까이하느냐가 중요하다. 나에게 긍정적인 힘과 에너지를 주는 사람이 많을수록 더 빨리 좌절과 고통에서 벗어날 수 있다. 부정적인 사람은 내가 힘들 때도 나를 힘들게 하고, 내가 성공하고 있을 때도 나를 힘들게 한다.

아들은 반장 선거와 학생회 임원 선거에 모두 실패하고, 아직은 친구가 없어 외롭고, 그래서 힘든 시간을 보내고 있지만, 반드시 이 시련을 딛고 멋지게 일어서리라 믿는다. 아니 이미 스스로 일어나고 있다. 나는 내가 믿고 바라는 대로 이루어진다고 확신하고 있으며, 시간이 걸릴 뿐 나의 바람은 현실이 되어 다가온다는 믿음을 포기하지 않을 것이다.

얼마 전, 중소기업청의 시장개척전문기업 모집 사업에 탈락한 적이 있었다. 한 달 동안 열심히 준비했는데 적잖이 실망이 되었다. 그동안 일을 제대로 못했기 때문에 이 사업을 통해 재기하려고 했었다. 나름 기대를 했던 일이었기에 낙심이 매우 심했다. 의욕도 떨어지고, 한동안은 무언가 새로운 것에 도전하고 싶지 않았다. 하지만 나는 다시 일어났다. 도전을 멈출 수는 없었다. 경기도에서 지원하는 글로벌 파트너십 컨설팅 사업에 도전했고, 결국 세 건의 대형 컨설팅 프로젝트에 선정되었다.

사실 처음에는 신청하는 걸 망설였었다. 이 사업은 내가 이제까지 주력했던 수출컨설팅 분야보다 기술, 자본 합작 투자 분야에 더 특화되어 있는 사업이기 때문이다. 신청해도 선정된다는 확신이 없었다. 하지만, 그냥 과감히 도전했다. 선정된 후에 프로젝트의 담당자는, 수년간의 풍부한 글로벌 비즈니스 경험과 다양한 수출자문 경험과 전문성을 높이 평가했기 때문에 다른 경쟁자보다 많은 프로젝트에 선정되었다고 말해주었다.

나폴레옹의 말처럼 1퍼센트의 가능성이라도 있다면 도전해야 한다는 것을 다시 한 번 확인한 순간이었다. 실패할 것이라는 두려움 때문에 도전하기도 전에 미리 포기하지는 말아야 한다. 만약 도전하기도 전에 안 될 것이라고 포기했다면, 나는 결코 이 기회를 잡지 못했을 것이다. 우리는 무수히 많은 도전을 하고, 그 도전에 실패하기도 한다. 하지만 나는 믿는다. 우리가 도전에 실패한다는 것은 더 큰 기회가 기다리고 있기 때문이라고 말이다. 그 믿음을 저버리지 않고 100퍼센트 확신하는 가운데 도전하고 또 도전할 때, 우리는 기대하지 못했던 더 큰 기회를 만날 수 있다.

유대인들의 지혜가 담긴 책 탈무드에는 "이미 한 일을 후회하기보다는 꼭 하고 싶었는데 하지 못한 일을 후회하라."는 말이 있다. 기회를 놓친 다음에 그 일에 도전해보지 못한 것을 후회하는 바보 같은 짓은 이제 다시는 되풀이하지 말아야 한다. 목표에 도전해봐야 우리의 현재 상황과 우리가 새로운 도전을 위해 무엇을 준비하고 노력해야 하는지 정확히 알 수 있다. 우리에게 정말 필요한 것은, 어떠한 역경 속에서도 1퍼센트의 의심도 없이 100퍼센트 긍정하는 자기 확신과 도전하는 용기이다. 그런 긍정의 힘이야말로 오늘을 내 삶의 마지막 날처럼 살 수 있게 하는 원동력임을 잊지 말아야 한다.

Eternal

순수함으로
변하지 않는 열정을 만들다

박대한(朴玳漢)

더멘토스 대표, 더멘토스랩 테크노경영연구소 대표, 스타트업 트레이닝 멘토,
동국대학교 겸임교수, 작가, CEO심리코칭상담가

저자는 현재 스타트업 창업과 기술경영 비즈니스 관련한 체험 중심의 실전 기술창업교육과
멘토링, 그리고 창업가와 창업교육자들의 트레이닝-멘토Training-Mentor로 활약하면서 디
지털노마드를 실천하고 있는 '앙트러프러너'이다. 기술기반 아이디어를 사업화하고 기업가
치평가를 통해 스타트업 창업가들에게 죽음의 계곡(Death Valley)을 극복할 수 있는 지혜를
함께 나누며 돕는다. 또한, 기술기반 이공계학생들의 미래 진로와 문제해결 및 융합적 지식
함양을 위하여 대학 내 차별화된 문제의식(PBL) 교수법으로 자기만의 멋진 업을 스케일업
(Scale-Up) 시키는 데 경험적 지식을 아낌없이 쏟아붓고 있다.

평소 사고 중심의 디자인-씽킹(Design-Thinking) 프레임워크에 관심을 두고 있으며 이를 활
용하여 미래 진로에 도움이 필요한 학생들과 교육자, 예비창업자와 벤처형 스타트업 기업
등에 이르기까지 자기혁신과 문제해결능력 그리고 셀프리더십을 통해 꿈을 심어주고 있다.
이를 위하여 전국의 기업체 및 협회, 단체, 공공기관, 대학 등에서 미래 혁신의 화두인 '기업
가정신'과 '기술창업', '기술사업화'에 대한 실전 교육과 워크숍을 통하여 높은 성과를 창출하
고 있다.

벤처기업 소프트웨어 개발 총괄 CTO를 역임하고 넷피아닷컴, SK컴즈, 한미약품 등 대기업
IT 온·오프라인 사업부를 거쳐 서울시 전산 행정관으로 재직하는 등 기업과 관공서에서 23
년여간 다양한 경험을 쌓아왔다. 온·오프라인 서비스 기술개발과 브랜드, 소셜마케팅 전략
등 다양한 경험을 기반으로, 기술트렌드, 빅데이터를 분석하는 기술전문가로서 신기술 융합
을 통해 미래 대안을 제시하는 '더멘토스랩 테크노경영연구소'를 설립, 운영하고 있다. 또한,
혁신적인 스타트업을 발굴하고 성장을 돕는 엑셀러레이터(Accelerator)로서 기술창업교육과
스타트업-투자 및 기업가치평가 등 창업 전주기에 대한 컨설팅 자문 전문기업, '더멘토스'를
운영하고 있다.

---

* 이메일: thementorslab@gmail.com
* 블로그: www.parkdaehan.com
* 홈페이지: www.thementors.co.kr
* 페이스북: www.facebook.com/thementorslab
* 인스타그램: www.instagram.com/thementorslab

01

당신 안에 회복탄력성을 키워라

나는 파일럿이 꿈이었다. 어려서부터 전투기를 보려고 자주 비행장에 드나들었다. 특히 성남 비행장에 자주 갔는데 전투기, 헬기들이 펼치는 항공 비행쇼를 보고 반해서 '나도 저런 비행기를 조종하고 싶다.'는 생각을 하며 그 꿈을 키워 나갔다. '아파치 헬기'라는 탱크 파괴 전용 공격형 헬기의 최첨단 기능을 체험하고 나서는 더더욱 전투기 조종사의 매력에 빠지게 되었고 미래의 공학도로서 MIT 진학을 꿈꾸었다. 나는 더 나아가서 민간 항공사의 메인 조종사인 '기장'이 되는 꿈도 꾸게 되었는데 그것을 희망으로 만들기 위해 무던히 노력하던 담대하고 멋진 포부를 가진 젊은이였다. 그러나 그 미래에 대한 포부와 꿈을 단 한 번에 앗아간 사건이 일어났다.

20대 초반의 어느 늦은 저녁 날이었다. 용산 전자상가에서 파트타임 업무를 마치고 나오는데 용산 전자상가 쪽에서 한강대교 진입에 못 미쳐 자전거를 타고 가는 나를 향해 택시 한 대가 뒤에서 내 자전거를 들이받고 달아난 것이다. 그때 어렴풋한 기억이지만 내 몸이 공중으로 부웅 떠서 30~40미터를 날아갔고 '철퍼덕' 바닥에 꽂힌 것을 느낄 수 있었다. 나는 고통으로 일그러진 흐릿한 눈으로 그 택시의 형체를 가늠하다가 나도 모르게 정신을 잃었다. 깨어 보니 하얀색 벽면과 소독용 포르말린 향이 나는 걸로 보아 병원이었음을 이내 알아차렸다. 가족들의 울음소리에 정신은 혼미하고 입에서는 계속 거품을 뱉어내고 있었다. 정신을 차리고 사흘이 지나서야 나는 나의 상태를 확인할 수 있었다. 왼쪽 무릎부터 발끝까지 전체가 깁스인 상태였고, 발목의 아킬레스건과 뼈 부분이 여러 조각으로 부서졌다고 했다. 하늘이 무너지는 듯한 육체적 고통과 미래의 꿈을 잃어버릴 수도 있다는 심적 좌절감을 감내해야만 했던 그때의 순간은 아마 평생 잊을 수 없을 것이다. 파일럿이 되기 위해 학사장교로 공군 입대 신체검사를 기다리던 찰나에 사고가 난 터라 그 고통과 좌절은 뾰족한 송곳이 되어 내 심장을 파고들었다. 당장 신체검사를 받을 수 없게 되었으니 사고 경위와 진단서를 포함하여 신검 일자를 연기했다.

쇠줄로 지탱하던 나의 아킬레스건 부분 뼛조각이 어느 정도 호전되어 가는 즈음에 그 쇠심줄과 같은 철사를 제거하기 위하여 또다시 수술을 감행했다. 상처 부위를 다시 열어 조각난 뼈 사이를 이은 의료용 철사를 제거했다. 제거 수술 후, 주치의는 재활을 하면 좋아질 것이라는 낙관적 전망을 내놓았고 재활에 심리적 위안까지 여러모로 도움을 주었다. 회복기간 10개월 동안 치유와 재활을 위해 구슬땀을 흘리며 노력했고 발목의 자연스러운 착지와 보행을 위한 재활도 누구보다 열심히 했다.

어느덧 공군 재신검 날이 다가왔다. 다른 체력 검정들은 우수한 성적으로 끝을 냈으나 최종 심층 면접에서 그렇게나 알리고 싶지 않고 노출되지 않기를 바랐던 발목 상처를 심사관이 발견하고 말았다. '아뿔싸!' 우려하던 일이 발생하고 그 상처로 인해 소명 기회를 더 가졌으나 공군 규정상 파일럿의 자격으로는 합당하지 않다는 입대 불가 판정이 나왔다. 나의 꿈은 그렇게 무참히 무너져 내렸다. 그 시절의 공군입대 규정상 조종사의 경우에는 음속으로 하늘을 나는 전투기 기내 여압으로 인해 비행 중 10cm 이상의 상처는 다시 찢어지는 등의 감내할 수 없는 고통이 발생할 수 있었다. 이후 육체적·심리적 고통 속에서 보낸 세월은 나를 더욱 단련하기에 좋은 기회가 되었다. 뺑소니 기사에 대한 증오와 세상 탓만 하고 있을 수 없다는 생각에 나를 스스로 다독였다. 내 안에는 형언할 수 없는 어떤 '자생력'이 용솟음치고 있었다.

나는 여러 학문 중에서도 전공을 살려 항공관제나 항공학 연구원, 항공기관 정비와 같은 항공기 엔진 엔지니어로서의 발판을 마련하기 위해 학업에 더욱 매진하다가 처음의 꿈과 유사한 분야지만 전혀 다른 진로를 택하게 되었다. 항공유체역학과 항공 설계 등을 하면서 또 다른 세계와 마주하게 되었고, 항공 설계에서 중요한 디자인 요소 외의 역학적 요소와 IT적 설계 소양인 프로그래밍의 필요성에 맞닥뜨렸다. 바로 전산학 등 컴퓨터공학 관련 IT에 눈을 뜨게 된 것이다.

그 당시 인텔사에서는 286이라는 프로세서가 나오던 시기였고, 도스(Dos)라는 마이크로소프트사의 운영체제를 사용하며 그 즈음에 여러 불특정 사람들과의 채팅을 연결해주는 pc통신인 천리안, 하이텔 등 접속 프로그램이 속속 등장하던 시절이었다. 나는 공학 관련 프로그래밍 언어인 '포트란, 코볼, C++'이라는 프로그래밍을 공부하면서 새로운 길에 접어들었다.

나만의 오피스(지금의 한글 메모장 등 워드프로그램 종류)를 자체

프로그래밍하고 나만의 채팅창 프로그램도 만들면서 학교 연구실에서 연구원들과 필요한 모든 데이터와 통계 등을 응용 프로그래밍으로 전산화하는 재미있는 작업들을 진행했다. 또한 연구실 자체적으로 서버를 두고 그 안에서 파일과 기타 문서 등 연구 자료들을 교수님들과 연구원들 모두 공유하게 하여 연구의 질을 더욱 촉진시켰으며 질적, 양적 데이터 기반의 연구 집중화에 기여했다. 게다가 그 시기의 모든 과제 리포트는 나만의 방식으로 프로그래밍을 한 포맷과 템플릿을 이용해 친구들과 교수들도 많이 부러워했다. 지금은 오히려 손글씨가 매우 귀한데 그때는 도트 방식으로 프린트되어 나오는 리포트가 매우 생소한 것이었다. 그것을 받아 본 학과 지도 교수들도 매우 신기해하며 연신 나에게 방법을 물었다. 대학가에서는 전혀 새로운 방식의 과제 제출 트렌드가 생겨나게 되었고, 많은 교수들을 대상으로 개인 강의를 했을 정도로 관심이 뜨거웠으며 연구실 프로젝트 과제 산출물 작성에도 상당 부분 기여했다.

그렇게 나의 진로는 결국, IT엔지니어로 정해졌다. 그사이 나만의 기술로 여러 활동들을 하면서 알게 된 KISA(現 한국인터넷진흥원)의 연구원들과 함께 보안 벤처 기업의 CTO직을 제안받게 되고 그로 인해 새로운 기술경영과 투자의 기회를 만나게 되었다. 당시 인터넷 닷컴 붐 속에서 나는 주식거래전문 사이트를 개발했고 그것을 유명 대기업 IT 회사에 넘겨주면서 내가 개발한 원금을 회수하기도 했다.

나의 영원한 꿈과 희망이었던 파일럿의 꿈이 뜻하지 않는 사건으로 사라지면서 자신감 결여와 수치심 등 견디기 힘든 시간을 지나왔다. 어떤 방향도 목적도 없이 망연자실하기만 했던 지난 나의 삶에서 끊임없이 관련 학업에 대해 탐구하며 '꿈 너머 꿈'을 찾아 나서게 되었고, 나의 선택을 묵묵히 바라봐주던 가족들과 지인들, 그리고 연구 지도교수님들과 동료 연구원들 모두가 큰 힘이 되었다. 하늘이 무너지는 실망과 모든 희망들이 모조리 산산조각 난 부정적인 상황 속에서 '나는 할 수 있다, 나는 좌절할 수 없다.'고 외치며 어두운 관념의 동굴을 뚫고 나와 나만의 길을 다시 창조하고 만들어갈 수 있었던 것은 내 안에 '회복탄력성' 덕분이었다.

찬란한 내 삶이 타인으로부터 받는 수치심, 외모나 신체에 대한 수치심, 가족에 대한 수치심, 트라우마 또는 편견과 낙인에 따른 수치심으로 낭비되고, 남에 의해 조종당하게 내버려 둘 수는 없었다. 내 삶을 내가 결정하고 내가 실행하고 잘못된 생각을 주도적으로 바꿔나가면서 살지 않으면 수치심이라는 놈은 어떤 형태로든 나에게 다가온다는 걸 직감했다. 항상 자책하는 삶에서 벗어나기 위해 마음의 근육, 즉 회복탄력성을 키워가는 노력을 해야 했다.

이 '회복탄력성'을 효과적으로 키우기 위해서는 첫째로 내가 가장 심하게 느끼는 수치심을 인식하고 그것을 유발하는 요인이 다가왔을 때 바로 알아차려야 한다. 둘째는 비판적인 시각에서 자신을 바라볼 수 있어야 한다. 자신이 설정한 목표가 내가 진정 원하는 것인지 아니면 남들에게 비춰지는 나를 바라고 하는 일인지를 스스로 알아야 한다. 셋째는 다른 사람에게 도움을 요청하는 것이다. 나처럼 '모든 꿈이 무너져 내린 어느 날'과 같은 상황에서 이 관계의 힘이 없었다면 헤쳐 나오기 힘들었을 것이다. 주위의 관계에 힘을 쏟고 그들에게 도움을 요청할 수 있는 여지를 마련하라. 넷째는 스스로 마음을 열고 그 수치심에 관해 남들에게 이야기하는 것이다. 그러고 나서 상대방에게 공감을 얻는 것이다. 결국 이러한 각종 수치심을 상대방으로의 공감으로 옮겨가는 것 자체가 바로 회복탄력성을 높이는 길이다.

　살다 보면 누구나 어렵고 힘든 시간을 겪게 된다. 그러나 중요한 것은 그 시간을 어떻게 보내는가에 달려 있다. 자신의 처지를 비관하고 수치심, 두려움, 실패, 실현하지 못하거나 달성하지 못한 목표로 인해 느끼는 부정적인 감정들을 그대로 떠안고만 있으면 절대 그런 부정적인 상황에서 벗어날 수 없다. 내게 있어서 회복탄력성을 더욱 극대화해준 요소는 바로 '사람'이었다. 그 당시 모든 비관적인 상황 속에서도 낙관적인 사고로 여러 가지 다른 시도를 해볼 수 있게 하고 믿어준 사람들이 없었다면 나는 지금처럼 멋진 인생을 만나지 못했을 것이다.

　그러니 우리는 오늘도 비관적인 삶을 그저 방치하지 말고 긍정적인 사고와 그것을 이겨낼 수 있다는 자신에 대한 믿음으로 역경을 이겨내는 데 주저하지 말아야 할 것이다. 혼자서 이겨낼 수 있는 회복력이 약하다면 주변 사람들의 도움을 받아라. 그렇게 하면 할수록 곧 주위의 수많은 관계로부터 긍정적인 기운을 얻을 수 있으며 그 느낌을 통해 미래의 꿈을 다시금 설계해나갈 수 있기 때문이다. 당신 안에 있는 회복탄력성을 믿고 그것을 높이기 위해 꼭 실천해보길 바란다.

# #
02

쫄지 마, 겁먹지 마, 일단 부딪혀 보는 거야

'대기업 업무'라는 다발적 성격의 직무를 수행하는 특수한 상황 속에서 하루 3시간 자면 잘 자는 것이요, 집에 들어가는 날이 손에 꼽힐 정도로 치열한 생활을 하던 때가 있었다. 나는 내 '자아'가 점점 형편없이 썩어가고 있다는 것과 그로 인한 고통, 짜증이 연속되는 어두운 삶을 살고 있는 나를 자각하고 있었다. 그 '썩어감'이 더욱 나를 휘감았고 그렇게 휘감았던 것들이 직장 내 인간관계에까지 미쳐 나의 마음을 해하고 있었다. 나를 포함한 내 주변 모든 사람들이 '좀비'처럼 생각도 꿈도 희망도 없이 사는 하루살이 같다는 생각도 들었다.

당시 나는 '고도원의 아침편지'라는 메일을 받아 보고 있었는데, 삶의 무게에 지쳐 의욕을 잃어버린 나에게 참 많은 힘이 되어 주었다. 그러던 어느 날, 고도원의 아침편지 재단에서 운영하던 '명상요가 2기'에 합격했다는 연락을 받게 되었다. 그 당시 이 프로그램에 참여하기 위해 나는 구구절절한 내 인생 과정과 미래에 대한 방향에 대해 손편지를 써서 응모했다. 어쩌면 세상 가장 절실하게 '몸 챙김'이 필요한 이유에 대해서 묵묵히 써 내려갔던 것으로 기억한다.

　그렇게 재단의 배려로 명상과 요가 수련을 시작할 수 있었고 얼마 지나지 않아 그 수련법이 불가계의 수행법인 '선무도'라는 사실을 알게 되었다. 당시 선무도 법사께서는 불교적 색채를 내세우지 않기 위해 노력하셨지만 못내 궁금함을 참지 못한 나의 수많은 질문을 통해 '선무도'라는 수행법임을 알게 되었다. 내 '몸 챙김'이 우선이라고 생각한 나는 회사고 뭐고 열심히 수련에 매진하게 되었으며 그 속에서 명상요가를 위한 커뮤니티를 주최하고 동호회도 활성화하기 시작했다. 새로운 동호회를 주관하면서 많은 이들과 함께 수련하고 자원봉사를 했다. 나이를 떠나 많은 사람들의 진심 어린 마음의 표현과 존중 속에서 모두 진정 마음이 저절로 맑아질 수밖에 없는 환경을 느낄 수 있는 귀중한 시간이었다. '향기 나는 분'들과 함께 수련을 하고 명상하며 다도의 맑은 차향으로 하루를 마감하는 게 그렇게 좋을 수 없었다. 잘 나가던 온오프라인 기획개발본부 팀장이라는 직함을 준 회사에겐 고마운 마음보다 나의 노동력과 열정을 착취했다는 괘씸한 마음이 들어 가차 없이 사직서를 내고 '선무도'를 선택했다.

　본격적으로 선무도 수련 지도자가 되기 위하여 수련에 돌입했고 수개월의 수련 끝에 그렇게 바라던 유단자의 자격도 취득하게 되었다. 그리고 곧이어 '선요가'라는 것에도 푹 빠져 지냈다. 실로 놀라울 정도로 나의 몸이 정화되고 날아다닐 만큼 가벼워짐을 경험했다. 수련 전에는 74kg이던 몸무게가 66kg이 되었으니 그럴 만도 했다. 어느새 내 몸에서는 삶에 지친 특유의 찐득한 땀 냄새가 아닌 무향의 맑은 땀이 흐르게 되었다. 몸속에 맑은 기운과 정화가 찾아온 것이다. 수행

시에도 마음가짐을 유지하는 데 힘이 들 때는 몸을 고되게 하여 그 몸과 마음을 서로 교차하여 바라봄으로써 정화하려 노력했다.

그러나 나 혼자 좋자고 수행만 하고 있을 수는 없었다. 이내 현실을 돌아보니 첫아이를 임신한 아내에게 안정적인 직장에 다니는 남편의 모습을 보여줘야 한다는 생각이 들었다. 마침 서울시 경력직 공채에 원서를 내고 전산직렬 경력직으로 합격하게 되었다. 다시 현업에 맞닥뜨리자 선무도 지도자로서의 삶을 백발이 되더라도 해내리라 마음먹었던 열정이 서서히 식어가기 시작했다. 그러나 그 수행 속에서 얻었던 수많은 감정과 명상 속에서 마음을 정화한 경험은 충분히 가치 있었다.

지금도 그때를 생각해 보면, 삶의 무게가 무겁다는 이유만으로 그렇게 무턱대고 시도하는 것 자체가 참으로 맹랑하고 아이러니한 결단이 아니었나 싶다. 이것저것 재지 않고 바로 달려가서 해보았던 그때 시절을 돌이켜 보면 그냥 막무가내로 그것이 맞다 싶으면 부딪혀 배우고 실행하고 행동해 보던 시절을 떠올리게 된다. 잃은 것도 있겠지만 얻는 것들이 더 많았으므로 진정 행복했음을 말하고 싶다. 당시 나는 틱낫한의 힐링센터를 만들고자 하는 꿈도 있었고, 아침편지 재단과 충주에서 '깊은 산속 옹달샘'이라는 힐링 프로그램을 탑재한 힐링센터를 모색하기도 했다. 그 속에서 향기 나는 많은 사람들과 함께 했던 추억을 절대로 잊을 수가 없다.

자연 속에서 나의 삶을 풍요롭고 맑게 하고 싶었던 그 당시 일탈을 기억할 때면 그때의 고통을 인내해 주고 감내하여 주었던 아내에게 고맙다. 지금은 자신만의 입지를 굳건히 하여 성장한 아내는 간혹 그때를 떠올리며 이렇게 말하곤 한다. "그때는 잠시 당신이 무책임하고 무모하다 생각했는데 그 어떤 자신감으로 스스로를 만들어 가는지

극명하게 잘 보여준 시절이었어. 당신이 보통의 일반적인 생각을 가진 그런 사람은 아닌 것 같다고 생각했지. 그리고 수련을 할 때 당신은 알 수 없는 향기를 뿜어내던 멋진 사람이었어."라고 말이다. 그것은 내가 몰입을 통해 선택한 분야였다. 그때의 나의 환경과 숨 막히도록 힘에 부쳤던 사회생활이 빚어낸 한 사람의 촌극이 아니었겠는가. 간혹 젊음을 믿고 무모한 결정을 한 그때를 생각하면 입가에 절로 웃음과 미소가 지어진다.

지금 내 서재 겸 연구실 벽 한편에는 이렇게 써놓은 글귀가 있다. "목표가 생겼으면 바로 그것을 실행하기 위해 글로 적어놓으라!" 그것을 보고 바로 적어놨던 것이 '골프 타수 70개'이다. 통상 골프 타수가 18홀 기준으로 72타를 치면 이븐파, 그것을 더 줄이면 버디가 된다. 한마디로 요즘 LPGA, KPGA 선수들이 72홀에서 5~10개를 덜 치면 5~10언더파로 60타 정도를 치는 것인데 선수도 아닌 내가 70개라고 적어놓았으니 내가 봐도 어이없는 목표였다. 그 글귀에 박장대소가 터져 한참을 웃다가 그게 불가능이라고 생각하는 나를 발견한 순간 '뭐야, 난 그렇게 못한다는 법이라도 있나?' 하면서 나의 자긍심과 자존감에 불을 지폈다. 지인 중 LPGA와 KPGA에서 활동했던 프로에게 다시 가르침을 받던 중에 그 골프 프로가 하고 있는 사업들을 보니 충분히 사업적 Co-Founder(사업 파트너)로서 일할 수 있겠다는 마음이 들었다. 그리고 실제로 여러 가지 골프와 관련된 사업적 구상을 구체화하자 골프의 수요에 맞춰 골프 행사나 기타 언어연수와 매칭해 연령별로 수행 가능한 행사기획을 요청받기에 이르렀다. 오랜 프로 경력이 있는 사람들 사이에서 가능한 사업군으로만 생각하던 차에 나에게 제안을 준 것이 고마워 나의 골프 실력에 더욱 박차를 가해야겠다는 생각과 내 속에서 또 다른 목표와 꿈이 생기게 되면서 문득 이런 생각이 떠올랐다.

'못할 거 같아? 쫄지 마! 그냥 해보는 거야, 그까짓 것.'

스스로가 참으로 황당하면서 발칙한 상상을 하고 있는 나를 바라보며 행복함을 발견하고 있는 것이 아닌가? 또 다른 도전에 설렘을 느끼며 나는 또 그렇게 단순한 꿈이 아닌 '꿈 너머 꿈'을 향해 나아가려는 것이다.

가끔 젊은이들이 넘쳐나는 홍대나 명동, 신촌을 다니다 보면 그 젊음에 한창 고무되어 관찰하고 있기도 하는데, 혹자는 그들의 젊음에 대한 에너지가 부럽지 않느냐고 하지만 난 결코 그렇게 생각하지 않는다. 그간의 여러 가지 부딪힘의 연속인 내 인생이 결코 헛되지 않았으며 곧은 나무들의 나이테와 같이 그것들이 켜켜이 쌓여 이제 이런 새로움을 위해 '꿈 너머 꿈'에 대한 생각을 계속 만들어내고 실천해내고 있는 내가 좋다. 작은 목표들이지만 그것들을 매번 성공으로 이끌고 있지 않은가. 이것은 어느 누구도 따라 할 수 없는 나만의 가치이다.

나는 정말 내가 생각하는 사람이 분명 될 수 있다고 믿는 습관이 남과 확연히 차이가 날 정도로 굳건하다. 이 '믿음의 습관'에 저절로 그렇게 인도되어 매번 무슨 일이든 성공으로 이끌어 낼 수 있는 게 아닌지 생각해 본다. '나 자신을 사랑하는 습관'과 나는 내가 생각하는 사람이 분명히 될 수 있다는 '강력한 믿음의 습관'이 나의 운명을 바꿔온 것 같다.

누구나 어디에서든지 할 수 있다는 '믿음을 통한 선택의 습관'들을 갖기 바란다. 습관을 들이는 데에는 한 푼의 돈도 들지 않는다. 바꾸면 될 수 있다는 생각을 갖고 저절로 몸속에 배이도록 습관에 습관을

들이도록 노력하라. 그렇다면 당신의 운명은 서서히 바뀌기 시작할 테니 말이다. 마음이 바뀌면 모든 일들이 바뀌고, 자신을 사랑하고 믿는 순간 그렇게 자신은 꿋꿋하게, 자신감 있게 설 수 있을 것이다.

지금도 세상의 모든 고민을 짊어지고 힘들어하는 수많은 이들에게 말하고 싶다. '이건 이래서 좋지 않고, 저건 저래서 그냥 그렇다.'는 생각은 집어 치우고 그냥 지금 바로 그 자리에서 세상과 맞짱 떠라.

'그냥 부딪혀 해보는 거야! 그까짓 것, 세상 뭐 있어?'

03

언제까지 그 손바닥만 한 책상에 앉아 고생만 하고 있을래?

모 과학고와 명문대를 나온 한 청년이 있었다. 그런 그가 재수 삼수를 거쳐 국내 굴지의 대기업에 입사했다. 그 직무 과정 속에 자신의 업(業)도 찾지 못한 채 조직 내에서 주어진 일만 열심히 하고 있었다. 그런데 문제가 생겼다. 날 새도록 만든 기획서를 다음 날 팀장에게 보여주니 모두 허접 그 자체란다. 꼬박 밤을 새우며 만든 기획서가 허접하다는 말을 듣자 '이렇게 살아야 하나?' 자신의 처지를 비관하기 시작한다. '명문대 나오면 뭐하나? 조직에서는 꼭두각시고 아무리 모진 말을 들어도 참고 다녀야 하는 처지에 놓인 일개 직원일 뿐인데… 전문적인 내 업(業)도 없이 그냥 회사의 비전을 채워주고 타인의 시선에만 번듯한 것이 대기업에 들어간 보람이란 말인가.' 혹자는 이렇게 표현하기까지 한다. "공부를 확실히 잘해서 판사, 검사, 의사, 항공조종사처럼 전문직으로 가지 않고 그냥 명문대 나오면 대기업 가서 '사노비' 생활하는 것밖에 없다." 내 주변에도 공부 잘하는 지인들이 서울대, 연대, 고대 등 모두가 잘 아는 대학교 나와서 제일 잘 나가는 친구가 검사, 변호사, 변리사 정도다. 그다음은 모두 대기업으로 몰려 들어가 소위 말하는 노예 생활을 하고 있다. 그들을 만나면 모두가 이렇게 위안 삼아 말한다.

"그래도 연봉은 높잖아, 그거 아님 벌써 그만뒀지."

직장생활을 해본 사람들이라면 다들 알듯이 직장은 그냥 정치판과 똑같다. 서로의 인맥이 존재하고, 그 라인을 벗어나면 당연히 다른 외직으로 가거나 승진의 반열에서 멀어지게 된다. 그러나 35세 정도가 되면 얘기가 달라진다. 그때부터 대리 이상 과장급들에 대한 주도면밀한 패키지가 들어오기 시작하면서 업무를 완성하고 성공시키며 쳐내기 바쁜 시기를 맞이한다. 그러다가 나이 40세 정도 되면 이제 '그만 다녀야 하나.' 하는 자괴감에 쌓여 고민의 나날을 보내게 된다. 직업의 만족도를 따질 수는 없으나 결국 자신만의 업(業)을 가지지 못한 채 회사를 떠나야 한다. 나오면 또 어떻게 할 텐가? 우리나라에서는 뭘 전공해도 기승전-치킨집이라는 우스갯소리처럼 맞지도 않는 업으로 또 다른 인생을 살아야 한다. 타인의 시선을 의식하며 공무원, 대기업 억대 사원만이 자신의 삶인 줄 착각하는 많은 이들에게 말하고 싶다. "이제 '삼성, 현대차, 구글, 네이버' 이런 생각은 집어치우고 지금 있는 곳에서 자신만의 업을 위해 최선을 다하라." 막연한가? 그럼, 이렇게 생각해 보자.

무언가에 마니아 이상의 열정과 흥미를 가지고 있는 사람을 뜻하는 '덕후'라는 말이 있다. 이런 사람들은 무언가에 깊이 빠져 나름대로 기술성과 전문성을 가지고 있는 사람이기도 하다. 이제는 이런 사람들이 조직 내에서 또는 사회에서 미래를 주도하게 될 것이다. 그래서 자신만의 고도화되고 멋진 스킬을 뽐내며 남이 흉내 낼 수 없는 그런 전문적인 업을 통해 미래를 준비하고 설계한다. 미래 기술로 인해 많은 직업들이 사라질 위기에 처해 있는 이때에 마치 '덕후'들처럼 자신만의 전문적인 업을 키우고 또 발전시켜야 한다. 그렇다면 지금 회사나 조직 내에 속한 이들은 어떻게 미래를 준비할 수 있을까?

일단 회사 경영진들에게는 미안한 말이지만, 조직보다는 개인의 미래를 위해 회사에 올인하는 마인드를 버려야 한다. 왜냐고? 그래야 정신적으로라도 매여있는 삶이 아닌 좀 더 자유로운 성향으로 나의 업에 임할 수 있고 그래야 조금이라도 숨을 쉬며 살 수 있기 때문이다. 그 회사가 아니면 할 것이 없었거니와 전직, 이직은 감히 생각도 할 수 없는 시대에나 한 회사에 충성하고 올인하는 분위기였지 지금은 세상이 달라졌다. 어쩌면 그러한 기조가 계속 이어지면서 속칭 '열정페이'를 낳은 것인지도 모른다.

직장에서 나의 업을 굳건히 하기 위해서는 첫째로 인간관계 속으로 들어갈 수 있는 용기를 가져야 한다. 다른 사람과 엮이면 어떤 형태로든 마찰을 피할 수 없다. 관계 속에서 상처받거나 미움을 받기도 하고, 배신을 당하거나 억울한 일이 생기기도 한다. 두려움과 마찰만 존재하겠는가? 그 삶 속에서도 기쁨과 행복감을 얻을 수 있고 관계에 대한 진리와 작은 깨달음도 얻을 수 있다. 인간은 타인과의 관계 속에서 행복을 느낀다. 즉, 타인과의 업무관계 속에서 팀워크를 발휘해야 하고 그 팀워크는 결국 타자를 배려하고 공헌함으로써 얻을 수 있다. 그렇게 타인을 위해 배려하고 공헌하면서 일을 하는 순간 바로 나만의 가치를 느끼게 된다.

내 주변을 봐도 직장에서 인간관계 때문에 못 견디겠다는 사람들이 많다. 상사는 별것 아닌 일에도 큰 소리로 질책하고 동료들은 서로 살갑기는커녕 경쟁하려고만 든다. 또한, 회사 내에 근거 없는 소문이 떠돌기도 하고 어디 하나 정 붙일 곳 없는 곳이라 생각하는 직장인들이 많다. 그렇다면 직장 내에서 인간관계를 개선하면 되는 것 아닌가? 부하직원, 동료, 상사 모두 서로의 인간관계로 고민하고 있을 테니 말이다. 내가 골머리를 썩는 동안 그들 또한 나로 인해 골머리를 썩고 있을 것이다. 야단치는 상사는 대부분 인정받기 원하는 욕구가 굴절되어 나타나는 것이다. 서로가 서로에게 인정받고 싶은 욕구가 내재되어 있다. 인정받기를 원하는 욕구가 큰 사람은 역설적으로 불합리하게 야단치며 자신에게 능력이 없다는 사실을 드러낸다. 정말로 유능한 상사는 부하 직원을 야단치지 않는다. 능력 없는 자신의 말을 부하직원이 듣지 않는다고 생각하기 때문에 부하직원을 더욱 야단치는 것이다. 즉, 진실로 우수한 사람은 자신의 우수함을 과시하지 않는다는 뜻이다. 그리고 상사의 생각이 어떠하든 우리는 늘 평소대로 행동해야 한다는 사실을 잊지 말자. 수평관계를 스스로 맺도록 노력해야 한다. 인사권이 있는 상사라 할지라도 마찬가지다. 상사로 대우하지 않거나 존경하지 말라는 의미가 아니다. 동료처럼 평소대로 편하게 대하라는 것이다. 그럴수록 상사 역시 나를 대하는 모습이 좀 더 자연스러워지고 편해질 것이다. 때론 자신이 더 직급이 높지만 후배 사원들에게서 존경받고, 인정받고 싶은 존재가 우리 상사들의 모습 아니겠는가.

둘째로 누가 말하느냐가 아닌 무엇을 말하는지를 생각하고 대응해야 한다. 각자의 지위를 떠나 무엇에 대해 어떤 말을 하는지 잘 듣고 틀린 것은 지적할 줄 알아야 한다. 상사든 부하든 이해관계를 갖지 말고 정확하게 무엇을 말하느냐에 집중해서 소통하는 관계십을 가져야 한다. 그리고 그것이 습관화되는 순간 자신은 타인으로부터 공정하고 예의바르며 혜안에 밝은 직원이 되는 것이다. 직원들과의 팀워크에서 공정한 업무 태도야말로 인정받고 칭찬받을 일이기 때문에 이러한 공정함을 유지하는 습관을 꼭 들이며 직장생활을 해야 할 것이다. 그리고 무엇보다 직장인들이 결국 자신의 업을 설계하고 실천하고 실행하는 데 있어서 잘못 판단하고 있는 것이, 조직 내에서 유용하게 쓰일지에 대한 고민이다. 나의 업이 직장 내에서 효율적이고 효용성이 있는지 먼저 판단하고 실행해야 한다.

셋째, 조직의 성과를 위해 자신만의 '기업가정신'으로 무장해야 한다. 기업가정신은 자신의 혁신적 사고와 문제에 대한 해결능력을 남과 다르게 생각하는 것을 말하며 기업 내에서 발휘될 때 무섭게 작용한다. 그리고 기업가정신의 여러 요소 중에서 '혁신성, 위험감수성, 진취성' 바로 이 세 가지 항목을 가진 사람이 되어야 한다. 결국 나의 조그만 책상에서 스스로가 주인인 '1인 기업가'임을 인식하고 업무를 보는 순간 모든 해결을 위해 나의 기업가적인 마인드가 가동되기 시작한다. 이러한 여러 가지 문제에 대해 타인보다 좀 더 다른 판단력과 순발력, 그리고 집중력을 보인다면 바른 선택과 추진력을 동시에 얻게 된다. 이러한 생활이야말로 매일 지겹고 불만투성이인 회사에 대한 생각, 자각을 바꾸는 획기적인 방법이다. 어떻게 하느냐에 따라 달라지며, 이는 결국 부메랑이 되어 나에게 칭찬과 보람을 가져오는 일들로 점철된다.

회사에서 시키는 일만 하고 하루하루가 수동적인 스케줄에 떠밀려가는 사람과 회사 내에서 나만의 업을 갖고 능동적으로 문제 해결을 위해 나서 결국 회사의 성과로 가져오는 사람은 은퇴 후에도 새로운 업을 가지고 평생 즐겁게 일하며 살 수 있다. 변화를 생각하지 않으면 직장인들이 자신만의 철학으로 오늘을 대비하지 못하는 오류를 범하게 된다. 좀 더 남과 다른 회사에서의 행복과 기쁨, 그리고 성과와 인간관계의 승리를 가져오기 위해서는 그 조그만 책상머리에서 고민하지 말고 회사에 대한 의존도를 낮춰 그를 통해 남은 에너지로 나의 업을 향상시키며 미래를 준비하는 데 소홀함이 없도록 해야 한다. 비로소 직장에 대한 부담감을 해방시킬 때 나로부터의 자유로움도 생기고 삶의 여유가 생길 것이다.

마지막으로 인생은 물이 흐르는 것처럼 순리대로 이루어진다. 다만, 그 순리에 역행하려는 순간 마찰이 생기고 꼬이기 시작한다. 직장 내에서 남과 다른 생각을 하고 행동한다면 그 흐름은 바른 방향으로 나아갈 것이다. 그러나 집착하고 욕심을 부리거나 헛된 생각을 갖는다면 그 흐름은 반드시 꼬이게 될 것이다. 그러므로 직장 내에서 좀 더 유연하게 생각하라. 회사와 나의 거리를 떼어놓고 회사 그 자체인 직장을 바라보라. 그래야 나도 살고 회사도 살 것이니까 말이다.

박희인, 싱글레어(Single-air)

대한민국 1호 20대 여성 라이프 스타일 컨설턴트/카운셀러. '싱글레어의 하이앤드 라이프스타일 연구소' 소장, 싱글레어&커리어스(Single-air&Careers) 대표, 20대 여성을 위한 라이프 스타일과 의식 코칭 프로그램인 싱글레어 캠퍼스(Single-air Campus for Women)의 멘토, 작가, 칼럼리스트

대한민국에서 흔치 않은 모델 같은 포카혼타스 외모에, 주류와 비주류를 넘나드는 B형 사수자리, 언제나 주관식을 좋아하는 자유 발산 예찬자, 자유 맥시멀리스트다.

언제나 자유롭게 하고 싶은 대로 일하면서도 능력을 충분히 발휘하는 것이 장기이며, 장소 불문, 시간불문, 사람불문, 그녀의 에너지는 마치 공기와도 같아서, 사람들은 그녀를 공기 같은 여자, 싱글레어(Single-air)라고 부른다.

"공부하는 게 너무 재밌어요."라는 탐험가 마인드로 중·고등학교 시절 전교 1등을 밥 먹듯이 했으나 무엇을 위해 공부하는지 모른 채 대학에서 도시디자인 전공, 7급 행정직 공무원 공부를 했다. 그러다 "하고 싶은 대로 살자."라는 모토로 국립광주과학관, 프랑스 무역회사, 청담동 가구회사 등을 다니며, 짧게 경력을 쌓고 길게 쉬는 스타일의 독특한 이력을 갖고 있다.

특히 청담동 가구회사에서 브랜드 홍보 담당자로서 덴마크 가구브랜드 '프리츠한센(Republic of Fritz Hansen)', 럭셔리 빈티지 가구브랜드 '티모시올튼(Timothy Oulton)'을 한국에 본격적으로 알리면서 하이앤드 수입가구, 인테리어의 세일즈&마케팅에서 능력을 발휘하였다. 안 해본 것 없이 많은 경험을 했던 그녀는, 이제 회사생활을 시작하는 초년생들에게 '사회를 위해 나의 재능을 쓴다.'는 마음으로 직장생활 안팎에서 자기 자신을 채우고 표현하는 일에 게으르지 않아야 함을 역설하며, 그렇게 했을 때 비로소 자연스럽게 생기는 '시간과 돈의 자유'에 대해 이야기하고 있다.

---

* 인스타그램: http://instagram.com/single_air
* 블로그: http://blog.naver.com/single_air
* 이메일: single_air@naver.com

01

어쩌면 글을 잘 쓰게 될지도 몰라

나는 수입가구 회사에서 2년 차로 세일즈&마케팅 업무를 하고 있는 커리어우먼이다. 영어를 하는 덕분에, 수입가구 인더스트리에서 활개를 펴고 있다. 외국인 고객, 외국인 바이어, 외국인 디자이너 등과 종종 만난다. 쇼룸 내 오피스에서 일을 하는지라 내방하는 국내 고객들과의 접점에서 나의 인테리어적 감각과 언어적인 감각 등의 능력을 활용하여 가구 구매와 배치를 돕고, 온라인 마케팅으로 네이버 블로그를 관리한다.

사회생활을 하기 전인 25살, 좋아하던 가수가 있었다. 빅스의 레오였다. 난 그의 무수히 많은 포인트에서 매력을 느꼈다. 그리고 그것을 느끼게 한 영상의 대목, 인터뷰 속 대답 등 인터넷에 있는 객관적 이미지, 텍스트 등의 정보를 가지고 글을 하나 썼다. 어느 평일, 오후 3시 반에 시작한 글은 다섯 시경 포스팅 버튼을 누르면서 인터넷 세상에 올라갔다. 제목은 '빅스 레오의 매력'이었다. 나의 사유를 거쳐 나온 최초의 3차 생산물이었다.

　반응은 대폭발. 그다음 날 1,000명이 접속해서 그 글을 보았다. 그다음 날엔 3,000명. 기하급수적으로 방문객이 늘었다. 글 하나만 올렸는데, 방문객이 급증하고, 댓글이 어마어마하게 달리기 시작했다. '생각하던 바를 이렇게 정리하다니, 공감이 된다.' '재밌다.'는 반응이 주였다. 놀라웠다.

　이미 있는 자료들을 바탕으로 내 생각을 감칠맛 나게 조금 넣었을 뿐인데. 낄낄대면서 '그에게 빠져 매력을 한번 정리해볼까?' 하는 마음으로 시작한 건데. 그저 즉석으로 생각한 걸 문자로 남겼을 뿐, 머리를 쥐어짠 게 절대 아닌데! 아, 이것은 나의 능력이다. 나는 머릿속으로 스치는 생각을 잡아서 글로 표현할 수 있는 사람이었다.

　글을 쓰고 그것을 사람들이 읽는 활동은 내가 시작하고 스스로 평가하는 활동이었다. 이미 있는 것들을 기반으로 나를 '통해' 재생산된 창작물을 세상에 내보이기, 반응 살피기, 느끼기, 이것은 첫 경험이었다. 그리고 독자들에게도 나의 글은 최초였다.

　그 가수를 매개로 나를 좋아하는 사람들이 생겼다. 오프라인에서 날 보겠다는 사람이 생겼으며, 글을 포스팅하자마자 댓글을 달고, 글을 감상해주는 절친 이웃들이 450명으로 늘었다. 노력 대비 얻는 게 많다는 생각을 했다. 이 자질을 알고 나서 블로그에 관심을 쏟았고, 관련된 일을 하고 싶어졌다. 결국 수입가구 회사에서 온라인 마케팅을 하게 됐다. 지난 1년간 블로그를 하며 꾹꾹 막혀있던 것들을 하나씩 드러내는 시간이 있었기에 가능한 일이었다.

　고등학교 시절 늘 기대 이상의 좋은 성적을 거뒀는데, 학문에 대한 순수한 재미 때문이었고, 학문 외의 영역에서도 남에게 보이기 위한 것은 일체 하지 않았다. 모든 선택을 내가 했다. 남들이 맛있다더라, 거기 좋더라는 말은 좇지 않았다. 뉴욕, 홍콩, 파리 여행도 나 혼자 다녔다. 길을 걷고, 사람들을 만나고, 어느 공간에 머무르고, 맛있는 것을 먹는 등 내 삶의 주체는 나였다. 블로그 후기 또한 독자의 기대에 따라 정기적으로 올리기보다 간헐적으로 검토한 후, 현장 사진, 무드 등을 미리 파악하고, 내킬 때만 올렸다.

각종 연주회, 콘서트, 전시회뿐 아니라 어느 해는 하루에 3편 이상의 영화를 1년 중 330일 정도 꾸준히 보았으며, 또 어느 해는 일주일에 굵직한 국내외 쇼 프로그램을 섭렵할 정도로 들입다 파서 영상을 시청했다. 연주회, 콘서트, 전시회는 클래식에서 비클래식까지 광범위한 범위에서 전방위적으로 한계 없는 장르의 문화를 즐겼다. 그저 영상을 시청하고 음악을 듣는 행위는 나에게 비도덕 이리만큼 비정상적인 행위였다. 그것만큼은 가식을 안 부렸다. 내가 어떤 식으로 쓰여야 좋을지 나에 대한 쓸모 있음을 그런 식으로 분출했다.

이렇듯 내가 쓰임새 있으려면, 나의 감각, 나의 지성을 활용하여 오롯이 나의 눈과 귀가 만족해야 했다. 하지만 그런 능력이 있다는 것을 굳이 증명하고 싶지는 않았고, 누군가가 알아줬으면 하는 바람도 없었다. 내가 나 자신을 알고, 그러한 활동을 통해서 세상 속에, 세상의 것을 흡수하면서 살고 있는 것 자체가 위안이었다. 그러나 어찌 보면 고독이다. 수많은 곳에서 영감을 받고 지식을 얻었지만 그것들은 내 안에서 계속 탑을 쌓았고 똬리를 틀었다. 외부에 존재하는 것을 받아들이는 활동을 통해서 2차적으로 사유하는 활동을 흔쾌히 가장 기꺼이 여겼으나, 그런 유희적 활동은 10년 동안 꾸준히 3차 활동으로 이어지지 않았다. 나의 의지로 외부에 발산하지 않았다. 그러니 재능이 쓰이지 않음의 결과 그 자체였다.

주위의 일상, 비일상의 전 영역에서 영감을 취하여 이해하고, 그

것을 나만의 경험과 결부시켜 2차적으로 줏대 있게 사유하는 과정까지는 이어졌다. 하지만 그것을 어디에도 내보이지 않았다. 심지어 토론도 하지 않았다. 그나마 대학교 서적, 수업시간의 토론, 시험시간을 통하여 표현할 수 있었다. 그러나 특별난 모임, 동호회, 서클 등을 일체 하지 않았다. 책을 읽으며 생각하고, 영화를 보며 생각하고, 그림을 보며, 음악을 들으며 생각하는, 이러한 과정의 반복이었다.

그러던 중 예술 작품을 감상할 때에, 그것이 유적이든 지금 현재 만들어진 일상적인 물건이든 간에 사연이 느껴지기 시작했다. 이것을 만들기 위해서 얼마나 애를 쓰면서 수없이 많은 손길을 닿아내며 완성했는지, 그 수고와 눈물 자국도 느껴졌다. 시, 그림, 음악, 영화 등의 작품을 보며 어떠한 이미지가 그려지는 식의 면면한 감정을 느끼곤 했는데, 이내 점점 일상이 되어 갔다. 하지만 이 경험을 글이나 토론의 수단으로 공유하여 또 다른 하나의 교훈으로 삼겠다고 선언하지는 않았다. 일종의 경험을 재해석하는 과정을 하지 않은 것이다. 그러나 나에게만 경험의 가치가 쌓인 채 꾹꾹 막혀갔다. 순환하지 않았다. 한계에 도달했다. 나는 창작을 하지 않았던 것이다. 30년 동안 참되게. 나의 뜻대로만.

하지만 그 순간들은 어찌 보면 글을 잘 쓰게 될지도 모른다는 하나의 태동이 일었던 시점들이었다. 재생산은 안 했던 암의 시기이지만, 아무것도 안 한 것보다 나았다. 여러 일을 경험할 운명이었다. 글을 쓰기 위해. 한 CEO는 이런 말을 했다. 하도 한 것이 많으니, 할 말도 많을 거라고. 그때 미처 발산하지 못했던 것들이 가치의 날개와 영감의 뿌리를 얻어 이제 남은 인생에 하나하나 발현되기를 기도한다. 그것이 내가 살아가는 방식이 되고 있다. 나와 세상, 세상과 내가 통하는 길은 내 안에 나 있다. 그 길은 창작이다. 그렇다. 나는 이제 글을 쓴다. 글 쓸 준비를 마쳤다.

02

책 쓰기, 운명적 재능을 발견하다

사회생활을 하고 나서부터 알게 된 인연이 있다. 건대에서 치과를 운영하는 의사다. 지금은 그 인연의 끈을 놓았지만, 첫 만남부터 마지막까지 화두는 책이었다. 비단 책뿐 아니라 여러 장르의 이야기를 나누었으나 그리 기억하는 이유는 강렬했던 첫 만남 때문이다. 그는 대뜸 물었다. 『호밀밭의 파수꾼』을 읽어보았냐고. 그렇다며 어물쩍 대답했을 때, 내 대답은 중요치 않다는 듯 바로 자기 말을 이어나갔다. "나는 그 소설 속 주인공과 똑같아." 홀필드가 자기라는 것이다. '자기를 가엾게 여기다니.' 측은지심이 들었으나 한편으로는 소설 속 인물이 자기라는 사실을 처음 만난 사람에게 자신 있게 말할 수 있는 것도 대단하다고 생각했다. 그는 아버지로부터 폭행을 당했으며 학창시절 아버지를 위해 공부하고 대학에 가고 치과의사가 되었다고 했다. 그래서 가정을 이루는 데 불안이 있다면서 이해를 바란다는 '말'을 하였다. 나는 듣고만 있었다. 듣는 데는 선수다. 그가 어떤 소설, 문학, 정치, 역사, 예술 이야기를 해도 재밌었는데, 가장 흥미로웠던 것은 나와 거의 20살 차이가 나는 그와의 대화 자체였다.

그리고 그 인연의 끝에 마지막이 된 책 한 권이 있다. 구하기 힘든 책이니 꼭 읽고 반납하라고 신신당부한 고서였다. 거창하게 말해 고서지만, 일종의 빈티지 책이라 생각하면 된다. 이상의 『날개』였다. 중학교 시절 교과서로 접할 때에는 참으로 기이하다고 생각했다. 이것을 쓴 사람도, 이 이야기의 주인공들도 모두. 읽으면서도 무슨 내용인지 몰라 앞뒤로 더듬으면서 읽었던 책이다. 그런데 내 손에 그 책을 쥐어준 것도 기이한 일이었다. 사실 나는 그를 좋아했다. 하지만 그와는 지속할 수 없는 운명이라는 것을 직감했기에 선을 두고 만나던 터였다. 그리고 그 이후 직접 만나 책을 되돌려줄 일은 없었다. 그러나 단 한 가지 신기했던 건, 그 책을 받은 후 수개월이 지나 읽었을 때였다. 모든 문구, 단어가 면면히 이해가 되고 낭독이 될 정도였다. 10년이나 더 지난 후에 읽은 그 내용은, 슬프면서도 현실적이고 이상적이었다.

아마도 그때부터였을 것이다. 나는 기억을 참 잘하는 사람이라는 것을 느꼈다. 그 사람과 언제 어디서 무엇을 했는지 머릿속에 아니 마음속에 빼곡히 저장되어 이미지화된 것인지 몰라도 나는 언제든지 그를 기억해냈다. 그와 만나지 않기로 정리한 후 떠난 첫 해외여행. 홀로였다. 꾸준히 걸었다. 대중교통보다 걷는 쪽을 더 좋아했다. 걸으면서 내 눈으로 내 마음으로 저장되는 모든 정보, 감정들은 그에 대한 기억만큼이나 역시나 선명했다. 나중에 꺼내 먹는 살구처럼 참으로 유용했다. 모든 걸 다 기억하면 괴롭지 않느냐고 하지만, 나에게 찌꺼

기처럼 남은 것들에 대해 애써 기억하지 않을 뿐 덤덤하게 혹은 기쁘게 받아들인 것들은 언제든지 퍼뜩하고 '발현'될 수 있으리란 믿음이 생겼다.

그 믿음은 내가 굳이 글이나 그림, 영상이든, 어떤 표현을 거치지 않아도 괜찮다는 것도 포함했는데, 이는 매우 위험한 생각이었다. 그 것을 일깨워준 계기는, 계속 나에게로만 응체되어 가는 기억들의 파편이었다. 마치 장독에 한껏 부풀어 오른 장처럼, 이제 톡하면 주르 륵 아래로 떨어질 것처럼 흥건했다. 이런 나의 예술적 성정들은 어릴 때부터 드러났다. 하지만 구체적으로 어떻게 해야 할지 몰랐다. 하지 만 하느님이 도와주신 것인지 어떤 건지 난 모른다. 갑자기 여러 강의 를 듣고 싶어졌다. 갑자기 동호회에 들어가고 싶어졌다. 그와 동시에 안락한 직장을 원했다. 스트레스를 적게 받고 싶어 했다. 사회에서는 내가 원하는 방향이 아닌 쪽으로 머리를 굴혀가며 쉬운 일을 하고 있 을 때, 일을 안 하는 시간만큼은 내가 깨칠 수 있는 것이었으면 했다. 이율배반적인 모순적인 사고방식이었다. 그런 나에게 일종의 벌을 준 사건이 있다. 일을 그만둔 계기이다. 쉽게 쉽게 일을 하던 그곳의 오 녀가 경제사범이 된 것이다. 손 털고 나왔다. 그리고 손 털기 일주일 전에 들은 강의가 바로 이혁백 작가의 책 쓰기 강좌다.

강남에서 4시간 코스로 진행되는 특강이었다. 처음 보는 사람들 과의 만남이 안 그래도 어색한 성격인 나인데, 게다가 맨 앞 좌석에 앉아 수업을 듣게 되었다. 뻘쭘한 마음도 잠시, 수업이 시작됨과 동시 에 나는 특강에 몰입되어 갔다. 그리고 이혁백 작가가 현장에서 바로 써보라고 한 '나는 ○○○입니다.'라는 질문을 통해 어쩌면 처음으로 '나' 라는 사람을 보기 시작했다. 이 시간을 통해 내가 사는 이유가 분명해 졌다. 재미로 하는 수준이 아니었다. 필연적으로 '글을 써야겠다'는 열정의 썰물이 내 몸을 덮쳤다. 깨어있지 않은 채, 그 어느 것도 발현하지 않은 채로 밋밋하게 8개월을 일한 나는, 누구보다도 빈껍데기라는 사실을 알았다. 바닥을 치고 나니, 나에게 소중한 것을 알게 되었다. 나는 글을 써야 하는 사람이었다.

하지만 녹록지 않았다. 수강료도 한 번에 내기에는 부담스러운 가격인 데다가, 하긴 해야겠는데 이걸 완수하는 사람은 거의 없다며, 행복이 있는 만큼 고통도 따른다는 조언들이 머릿속에 팍팍 박혔다. "마무리 지으세요. 매듭지으세요." 나는 매듭을 짓지 않고 살아온 사람이었다. 마음에 내킨 대로 살고 싶은 대로 살았다. 하지만 그런 나를 '종료'하고 싶었다. 아직도 이혁백 선장의 매듭지으라는 말씀은 두고두고 인생을 걸쳐 해야만 하는 숙제다. '그래 해보자!' '책 쓰기 시작하고 책 한 권 내면서 나만의 한 챕터를 마무리하자.' '방황하던 나를 매듭짓자.'

그 후 10주가 흘렀다. 처음에는 프리라이팅으로 시작하여 지금은 원고 한 뭉치가 손에 쥐어져 있다. 백미는 프리라이팅에 있었다. 하루 2시간만 비워두면 나는 언제든지 어떤 주제든, 내 경험이나 생각 등 쓰고 싶은 글거리를 끄집어낼 수 있게 되었다. 가장 재밌게 시간을 보낼 수 있다는 데 나 스스로 희열을 느꼈고, 프리라이팅만큼 몰아일체가 되는 때도 없었다. 키보드를 두들기고 있는 사람이 나이지만, 내가 쓰고자 하는 머리보다 손가락이 몇 초 정도 더 빠른 느낌으로 허겁지겁 썼다. 쏟아냈다는 표현이 맞다.

글에는 사람 됨됨이와 스타일이 묻어난다. 나는 단연코 만연체다. 말하는 것도 주절 주절이다. 결과만 말하는 것보다 과정까지 이야기한다. 내 글에는 과정이 있다. 사색의 흐름이 있고, 사건의 연결이 있다. 이 과정에서 그 남자와 나눈 이야기, 홍콩, 뉴욕, 파리를 여행했던 기억들이 와르르 앞뒤 재지 않고 어디선가 흘러나왔다. 그 과정을 즐겼다. 무엇이 나올지 모르나, 나는 늘 생각하면서 지냈기 때문에 그저 그 생각을 옮겨적으면 되는 것이었다.

하지만 쉬이 잘 읽히는 글에는 정확히 매뉴얼이 있다고 본다. 내 스타일을 고수하면서도 가독성이 좋은 만연체, 과연 존재할까. 의식의 흐름에 따라 쓰는 기법은 이상의 그것과도 유사했다. 그리고 매사에 그가 겹치고 생각나고 연결되는 것은 아무래도 그때 끼친 영향들이 상호 작용하여 지금까지도 발휘하고 있는 듯하다. 그만큼 내게 많은 영감을 준 사람이다. 끊어낸다고 끊어질지 모르겠지만, 그 인연은 책으로 시작하여 책으로 끝났으나, 나는 그에게 책을 줄 생각이다.

내가 쓴 책들을 서점에서 보는 순간 나를 기억해주길 바라면서. 지독히도 나를 매듭짓고 싶어 하는 욕망 속에 사적인 욕망이 있다. 처음 쓴 책 한 권의 내용은 내 10년을 망라한다. 그 책에는 그를 심연의 벗으로 소개했지만 앞으로 그는 다른 형태로 발현될 것이다. 아마도 그런 생각이 든다. 나는 책을 쓸 사람이다.

03

월간 싱글레어, 살아가는 의미를 발간하다

윤종신이 '좋니'로 1위를 했다. 그는 아주 스마트한 사람이다. 자신이 수장으로 있는 기획사는 따로 두고 자기가 하고 싶은 음악을 한 달에 하나씩 발매한다. 분산투자를 하듯 안정적인 것 하나, 불안정적인 것 하나를 두고 있다. 주역 인문학자 김승호의 『돈보다 운을 벌어라』에서는 운을 벌기 위한 추가적인 행동을 하라고 한다. 쳇바퀴처럼 일한 만큼 돈이 들어오는 타산적인 셈을 할 것이 아니라 언제든 돈을 불러일으키는 행위를 하라는 것이다. 복이 있는 행동을 한다. 이 복이 있다는 말에는 남들에게 도움을 주는 행위뿐만 아니라 자신의 능력을 펼치는 행위도 포함한다. 그러나 20대의 나는 이 생태계를 살아감에 있어 스스로를 한낱의 그것으로 취급했던 과거를 보냈다. 하지만 책 쓰기 강의 10주를 들어가면서 나는 생태계처럼 숨쉬기 시작했다. 하루하루 회사에 다니되 하루하루 무언가 나의 능력을 펼치는 운 버는 행위를 하기, 윤종신처럼 분산투자하기, 지속적으로 하기가 그것이다.

생태계 안에서 호흡하려는 태동이 일기 시작한 건 작년이다. 자동차 동호회를 하다가 유기견 봉사단체를 알게 되었는데, 지인의 지인이 운영하는 두 곳에서 봉사하게 됐다. 마음만 먹으면 언제든지 할 수 있는 게 봉사다. 튼튼한 몸과 건강한 마음, 그리고 시간만 있으면 된다. 운을 버는 재능 연마의 기저에는 더불어 살아가는 자세가 있다. 혼자 고고하게 앞만 좇는 자세라면 좀처럼 봉사에 대한 마음을 갖기 어렵다. 그런데 자동차 동호회를 통해 인연을 맺으며 경험을 쌓아가자, 어느 순간부터는 물질을 좇는 것이 아니라 정신을 점검하게 되었다.

물질에 관해서 관심 갖고 이야기하는 사람들에게 질렸는지 몰라도 정신적인 것, 그중 사랑에 대해서 생각해보게 되었다. '나는 사랑을 하는 사람인가.' 이 질문을 던지며 고민한 것이다. 여태껏 내게 사랑은 연인끼리의 사랑이었다. 그에 반해 부모님이나 사회에서 어르신들이 내리 전해주시는 사랑을 무심결에 지나쳤으며, 솔직히 마음속에 감사한 마음이 우러나지 않았다.

감사하라. 마음대로 되지 않는다고 해도 감사하고 고마워하라. 이것을 이해하게 된 계기는 책 쓰기 과정이었는데, 글을 쓸 때 나만의 생각을 고집해서는 여간해서 좋은 글이 안 나온다. 남의 생각, 남이 연구해놓은 결과, 남들이 벌여놓은 사건들을 수집하고 거기에서 의미를 도출하고 내 생각에 무게를 실어주는 예시로 삼는다. 그러나 예시를 수집하면 할수록 세상의 주제는 정해져 있다는 생각이 들었다. 결국 우리 모두는 하나고, 하나라는 생각은 사랑에서 출발하고 끝난다는 것이다. 이렇게 생각이 정리되자 죽음을 두려워하지 않게 되었다. 그리고 귀신도 그닥 무섭지 않게 되었다. 자주 쓰게 되는 말이 있다. '그저'라는 말을 자주 글에 붙이게 된다. 우리는 모두 하나로 연결되어 있고 사랑하는 마음을 가지며 살아가는 게 삶이고, 육신이 다하는 것이 죽음이고, 영혼의 또 다른 형태가 귀신인 셈. 그렇다고 모든 걸 논리적으로 이해하는 것은 아니다. 다만 예전에 감사한 마음 없이 나의 능력을 이롭게 쓴다는 마음이 없었을 때에는 불지옥이었다. 끝맺음도 없이 쉽게 포기했고 남 탓을 했다. 하지만 감사한 마음을 갖고 나의 능력을 이롭게 써야겠다고 마음을 먹자 이것 외에는 그리 중요한 것은 없어 보였다. 그리고 무섭고 두렵다고 여길 만한 것도 딱히 없어졌다.

그러나 이것을 깨치는 데 짧은 시간이 걸렸다고는 하지만 이 10주는 상당히 고통스러웠다. 단언컨대 지금껏 인생을 살아오면서 가장 힘이 들고 힘에 부쳤던 때였다. 몸 힘든 것은 못 견디고 몸 가꾸기와 문화생활만 즐겼던 나였다. 남양주로 이사하면서 책 쓰기를 시작했는데, 새 직장에 입사하게 되어 시간이 부족했다. 이혁백의 책 쓰기 강좌는 그야말로 하드트레이닝이다. 책 쓰는 습관을 만들어야 하는데, 습관이 되려면 꾸준한 시간이 필요하다. 그러나 나에겐 절대적으로 시간이 부족했다. 하루 24시간인 것이 아쉽고, 잠이 안 왔으면 좋겠고, 배가 안 고팠으면 좋겠다는 생각도 했다. 오로지 책 쓰기 수업을 믿었고 책을 출간하는 나를 그렸다. 주 6일씩 10주를 꼬박 남양주에서 강남을 넘나들며 일과 수업을 병행했다. 수업은 주 1회지만 한 주간 과제가 주어진다. 선정해준 책을 한 권 읽고 서평 쓰기, 그리고 매주차마다 이어지는 책 쓰기 단계에 주어지는 과제가 있다. 늘 밤에 과제를 하곤 했다.

낮에는 일하고 밤에는 책 쓰는 삶. 그러던 중 주거 환경이 바뀌어 매일 4시간여 버스를 타야 했고, 새 직장에서는 새로운 사람들과 새 업무에 익숙해져야 했다. 모든 것이 180도 바뀐 때다. 그뿐만 인가.

내 생각도 외모도 달라졌다. 모든 게 뒤바뀌는 이 점에 하루하루 시간이 쌓이고 나서야 깨달음이 왔다.

잠은 부족했지만, 저녁마다 글을 채우기 위해 생각했고, 강의를 듣고, 신문이나 잡지 등을 보며 열려있으니 세상이 마치 나에게 인사하며 소통하는 것 같았다. 그리고 머릿속에 있던 생각을 활자로 옮겨 적으니 뿌듯했다. 생각만 해서는 누구도 알지 못하고 교화되지 못한다. 글로 표현하는 행위가 이렇게도 재밌고 의미 있다니. 이 작업을 안 할 이유는 잠 말고는 없었다. 몸은 피곤했지만, 출퇴근 버스를 타고 다니며 쪽잠을 자는 효과도 봤다. 퇴근하고 2시간에 걸쳐 집에 도착하면 자정을 훌쩍 넘는다. 버스에서 잤기 때문에 곧장 잠을 이루지 않아도 괜찮았다. 오히려 정신이 맑아져서 낮에 할 수 없었던 글머리를 잡을 수 있었다. 감사한 일이었다.

책 쓸 때는 즐겁지만 별도로 시간을 내야만 했다. 그렇게 해야 진척이 되고 결과물이 나온다. 여태껏 흥미를 느낀 분야도 많지만, 끈기가 부족하여 도중에 포기하곤 했는데, 이젠 매듭의 중요성을 절감하고 끈기를 배우게 되었다. 감사하다. 정적으로 앉아서 글로 풀어내는 습관을 갖게 해주신 것 또한 감사하다.

그리고 몇 가지 깨달음을 더 얻었다. 힘들게 살아야 제대로 살 수 있다는 것. 그리고 자신이 바라는 바를 정확하게 설정하고 실천에 옮기면 그게 현실로 나타난다는 점. 그리고 모두가 우주이며, 내가 보는 환경, 사람들, 동물들 모두는 나의 우주라는 점. 안 보이는 것이 보이는 것보다 훨씬 많다는 것. 덕을 쌓고 덕을 베푸는 사람이 될 것. 책 쓰기만으로 이런 깨달음을 얻은 사람은 비단 나뿐만이 아닐 것이다. 진정으로 내면을 보고 지금까지 살아왔던 것에서 의미를 찾는 행위, 그것을 풀어쓰는 행위는 손과 뇌가 시키는 대로 하기에는 우리가 알

수 없는 영역에서 복합적으로 기적을 만들어낸다. 진리를 깨닫게 하는 기적.

　앞으로 남은 시간을 사는 과정은 신비와 감사의 나날들일 것 같다. 남들과 호흡하면서 상생하려 노력하는 자에게는 복이 온다. 부단히 자신을 밖에 드러내려고 노력하는 사람은 운이 있다. 호흡의 수단이자 드러내는 수단으로 글 쓰는 것에 흥미와 몰입을 가질 수 있다는데 감사함을 느낀다. 감사하면서 평생을 살 수 있다는 걸 알게 된 책 쓰기는 내가 31살, 지금까지 한 일 중에 가장 잘한 일이다. 정말이지 하늘은 스스로 돕는 자를 돕는다. 매일매일이 미라클. 브라보 마이 라이프다. 화이팅 싱글레어.

Adventure

일단 부딪히고 본다

손힘찬(오가타 마리토)

저자 손힘찬은 한국과 일본, 두 가지 이름을 가지고 태어났다. 그 덕분인지 이성과 감성의 경계를 넘나들며 20대 작가로 살고 있는 그는, 일본 태생으로 일본인 아버지와 한국인 어머니 사이에서 태어났다. 한국의 피가 섞여 있는지도 모른 채 일본에서 유년시절을 보냈고, 어머니를 따라 12살에 처음으로 '대한민국'에 오게 된다. 일본 혼혈이라는 이유로 차별을 당하면서 많은 상처를 받았지만 고교시절에 대한민국에서 한일 혼혈로 살아가야 하는 현실을 직시한 뒤, 편견을 깰 수 있는 사람이 되고자 결심한다.

치열하게 자기계발에 몰두하며 20대를 시작한 그는, 대학교에 입학한 동시에 교수님, 학과 독서클럽 멤버들과 함께 『항공서비스과 입학을 위한 면접 시크릿노트』를 집필, 겨우 22살 나이에 작가로 데뷔한다. 이후 100명이 넘는 고등학교 3학년 학생들을 대상으로 1:1 입시를 지도하면서 학생들의 스토리를 발견하고 이를 사람들에게 어필할 수 있도록 돕는 재능을 발견하게 된다. 이를 기반으로 작가 플랫폼 브런치에서 〈대한민국 20대, 수준 넘어서기〉를 연재하며 20대 청년들에게 동기부여를 해주고 있으며, SNS에서는 1만 명의 독자들과 따뜻하면서도 용기를 주는 감성적인 글을 통해 직접 소통하고 있다. 한국과 일본에서 인생의 반씩을 생활했던 그는 누구보다도 20대를 객관적으로 바라보고 그들의 아픔을 이해하고 있다. 20대가 잃어버린 자신의 존재가치를 되찾기 바라는 마음으로 매일 힘이 되는 글들을 써내려가고 있다.

---

* 이메일: syc1025@naver.com
* 브런치: https://brunch.co.kr/@syc1025
* 블로그: https://blog.naver.com/syc1025
* 페이스북: https://www.facebook.com/ogatamarito
* 인스타그램: https://www.instagram.com/ogata_marito

01

일본을 몰랐던 한국인, 한국을 몰랐던 일본인의 고백

 "쪽발이 새끼야!"

10대 때 고향인 한국에 돌아와서 가장 많이 들었던 말이다. 처음 한국에 있는 초등학교로 전학 왔을 때 애들의 반응이 아직도 생생하다. 일본에서 왔다는 이유로 호기심이 가득해 일본 생활에 관한 질문을 하는 친구가 있는 반면, 무의식 속에 '일본인에 대한 부정적인 인식'이 뿌리 깊이 박혀 있는 친구들도 있었다. 그 인식은 얼마 가지 않아 '불신'과 '적대감'으로 표출되었다.

다행히 내게 거리낌 없이 다가와 주고 잘해주는 친구들이 있었지만 반을 대표하는 반장과 몇몇 아이들은 '독도 문제, 임진왜란, 일제강점기' 등 다양한 역사 사건에 대해서 어떻게 생각하는지 묻는 것도 모자라 "우리나라가 좋아, 일본이 좋아?"라는 식의 낚시성 질문을 던지곤 했다. 그 당시 솔직히 일본이 더욱 좋았던 것은 사실이다. 왜냐하면 일본에 살았을 때는 스스로 일본인인 줄 알았기 때문이다. 나는 어머니로부터 '재일교포'라는 사실을 듣지 못했고, 알지도 못했다. 그래서 12살까지 일본에서 잘 지내고 있었는데, 어머니의 건강 문제로 갑자기 한국행이 결정된 것이었다.

내가 어릴 때 부모님은 이혼을 하셨고, 두 분의 이혼 사유는 '성격차이'였다. 아버지의 빈자리를 메우기 위해서 어머니는 나를 돌볼 틈도 없이 일을 하러 다니셨고, 나는 혼자 있거나 보육원에 맡겨지면서 자랐다. 부모의 사랑을 받으면서 자라도 모자랄 시기에 나는 밤마다 혼자서 잠을 청해야 했고 공허함, 외로움이 익숙한 아이로 자랐다. 어머니에게 사랑을 받고 싶어서 애써 장난을 치고 밝은 척하며 지냈지만 어머니는 생계에 대한 압박감과 업무 스트레스 때문에 나까지 챙길 여유가 없으셨다. 그런 탓에 어머니와의 사이는 자연스레 멀어지고, 날이 갈수록 서운함이 커져 스스로 어머니와의 거리에 선을 긋기 시작했다.

초등학교에 입학하고 나서는 친구들에게 나의 존재를 그저 '인정' 받기 위해 노력했지만 사소한 것에도 쉽게 서운해하고 작은 일에 예민하게 받아들이기도 했다. 또 감성적인 성격 탓에 눈물도 많았다. 사람에 대한 닫힌 마음을 연다는 것이 여간 쉬운 일이 아니었다. 나는 소위 말하는 '찌질이'였기 때문에 지금 생각해보면 나 같은 친구를 가까이 둔 내 일본 친구들이 얼마나 힘들었을지 짐작할 수가 없다. 그리고 그들에게서 나는 진짜 '우정'을 느꼈다.

여름방학이 되었을 때다. 이제 곧 한국으로 가야 한다는 사실에 가슴이 정말 답답했다. 나는 일본에서도 어머니 직장 문제로 매년 이사를 하는 바람에 친구와 친해지려 할 때마다 헤어짐을 반복했다. 이번에도 그렇게 될까 봐 마음이 더 울적했다. 많은 친구들을 사귀었고 정착하려는데, 낯선 나라로 가야 한다는 사실이 그 당시 내게는 정말 끔찍한 일이었다. 방학 동안 나는 계속 집에만 있었다. '결국 떠날 건데 친구들을 뭐 하러 만나?' 하는 생각이 들었기 때문이다. 집에서 TV를 보거나 게임을 하면서 혼자 시간을 보냈다. 친구들로부터 전화가 많이 왔지만 나는 받지 않았다. 한국으로 떠나기 전, 마지막까지 나는 친구들을 피하고 있었다. 그러던 어느 날, 친구들이 우리 집에 찾아왔다.

"오가타! 왜 전화해도 안 받아! 걱정했잖아! 너랑 놀려고 애들 다 데리고 왔어. 같이 놀러 가자!"

"싫어. 곧 한국으로 떠날 건데 내가 왜? 너희들끼리 놀아."

"네가 한국으로 떠나는 거랑 우리랑 노는 거랑 무슨 상관이야. 바보 같은 생각하지 마! 그리고 네가 떠나기 전에 우리끼리 편지 카드도 만들었고, 줄 선물도 있어! 빨리 가자!"

"왜 그렇게 나를 챙겨주고 신경 써 주는 건데? 나는 툭하면 화내고 서운해하고 그랬는데… 짜증 나지 않아?"

"역시 바보 맞네. 그걸 굳이 말로 해야 아냐?"

"응?"

"우린 친구잖아!"

'우린 친구'라는 말에 눈물이 쏟아졌다. 12살이 되어서야 나는 처음으로 '인정' 받았다. 누군가에게 필요로 하는, 그리고 없어서는 안 되는 소중한 사람으로서 인정을 받은 기분이었다. 친구들은 닫혀 있던 내 마음의 문을 끊임없이 두드려 주고 기다리며 끝까지 놓지 않았다. 그때 나는 하염없이 울었다. 고마움과 미안함이 섞인 뜨거운 눈물만이 친구들에게 고마움을 표현하는 유일한 방법이었다. 한국으로 떠나기 전까지 나는 친구들과 소중한 추억들을 쌓았고, 언젠가 다시 만

내 마음대로 사는 게 뭐 어때서?

날 날을 기약하며 그렇게 한국 땅을 밟았다. 이렇게 나는 한층 성장한 상태로 친구들과 이별을 했다. 일본이 좋다고 생각한 이유는 단 하나다. 그곳에 있는 나의 친구들이 나를 인정해 주었기 때문이다.

한국에 온 이후로 나는 매일 한일 문제에 시달렸고, 전교생이 나를 '일본인'으로 알게 되었다. 내가 일본에서 살았을 때는 한국처럼 역사 교육을 받지 않았기 때문에, 한일 사이의 역사 관계를 하나도 몰랐다. 아이들이 역사적인 문제로 질문을 할 때면 모른다는 대답밖에 할 수 없었다. 소문은 돌고 돌아서 내가 중학생이 될 때까지도 '일본인'이라는 꼬리표가 따라다녔다. 함께 지내는 친구들은 잘 사귀기도 했지만, 여전히 나를 적대시하는 친구들은 나를 '쪽발이'라고 불렀다. 이런 환경 탓에 내 자존감은 바닥을 치고 있었고, 그저 하루하루가 무사히 끝나길 바랐다. 나 스스로가 바뀔 생각은 안 하고 '지금의 내 환경이 바뀌었으면 좋겠다.'고 생각했던 것이다. 그때 나는 똑같은 실수를 반복하고 있음을 깨달았다. '내가 왜 그들로 인해 이렇게 힘들어해야 하지? 나는 한국에서 태어났고, 한국 이름도 있어. 그리고 앞으로 한국에서 살아나갈 사람이야!' 그 뒤로는 당당하게 "나는 쪽발이가 아냐. 한국인이야!"라고 말하기 시작했다.

재일교포로 우리나라에 잘 알려진 추성훈(아키야마 요시히로)은 자신의 정체성에 대해 셔독과의 인터뷰에서 다음과 같이 밝혔다. "국적은 중요하지 않다고 생각한다. 나는 일본 국적을 취득했지만 여전히 한국인의 피가 흐르고 있다. 나는 두 나라를 모두 사랑한다. 한국과 일본 팬들이 같이 응원해준다면 나로서는 더없이 기쁜 일이다."

그는 얼굴이 알려진 사람이기에 나보다 국적에 대한 시비가 더 많았을 것이다. 그는 UFC 데뷔를 앞두고 자신의 속내를 밝힌 적도 있다. "많은 재일교포들이 일본인 또는 한국인이라는 것을 결정해야 한다는 압박에 정체성의 혼란을 겪는다. 나 또한 그렇고 한 나라만을 선택해야 한다는 것은 슬픈 일"이라고 말이다. 추성훈 씨는 어떻게 보면 나와 같은 입장에 놓여 있었고, 사실상 더욱 크게 비난받을 위치가 아닌가. 일본 혹은 한국, 어떤 선택이든 '모' 아니면 '도'가 될 수 있다. 허나 그는 두 어깨에 각각 한국, 일본의 국기를 툭툭 치며 자신 있게 경기에 나선다. 오히려 두 나라의 정신을 마음속 깊이 되새기면서 남들과는 다른 두 배의 정신을 가지고 경기에 임한 것이다. 나는 추성훈 씨를 보면서 '선택에는 외길만 있는 것이 아니구나!' 하는 사실을 가슴 깊이 깨달았다.

누구에게나 자신에게 주어진 것처럼 보이는 삶과 운명이 있다. 그리고 마치 세뇌라도 당한 것처럼 마음속 깊숙이 이런 생각이 잠재되어 있다. '나는 어릴 때부터 이렇게 살아왔기 때문에 저렇게 멋있게 살 수 없어. 그래서 나는 이렇게 살아야 해.' 충분히 자유로울 수 있는 자신의 인생을 어떤 틀 안에 가둬두고 사는 것이다. 그런 사람들은 앞으로 위기의 순간이 왔을 때 피하거나 어중간한 태도를 취할 확률이 높다. 대부분 그러한 결정으로 얻게 되는 결과물은 고통과 상처뿐이다. 겁먹지 말고 '정면 돌파'하라. 추성훈 씨는 재일교포의 운명을 짊어졌음에도 경기장에서는 어깨에 두 나라의 깃발을 내세웠고, 나는 스스로 '한국인'이라 외쳤다. 일본의 피가 섞인 재일교포를 부정하는 것은 아니다. 하지만 자기 주관을 뚜렷하게 함으로써 '정면 돌파'를 시도하니 그저 장애물을 피하기만 했던 '나'로부터 벗어날 수 있었다. 이는 재일교포에게만 해당되는 것이 아닌 우리 모두에게 해당되는 이야기다. 위기라는 단어 자체가 위험이라는 말과 기회라는 단어의 합성어이다. 위기가 오는 순간에는 누구나 당황할 수 있고 고통이 따르기 마련이지만, 위기 속에서 기회를 발견할 수 있다면 그 위기를 통해서 크게 발전할 수 있다.

　나는 우리나라 20대들이 스스로의 자존감을 갉아먹는 행동을 하는 것을 보면 안타깝다. 어린 나이 때부터 숱한 경쟁을 하며 생겨난 타인과의 비교, 스스로의 한계치를 너무나도 당연하게 정해버리는 '수저' 이론, 조상들이 피눈물을 흘리며 지켜냈던 대한민국을 부르는 호칭 '헬조선'까지…. 우리는 잘못한 것이 없다. 그렇기에 오히려 움츠린 어깨를 당당히 펴라고 얘기해주고 싶다. 현재 20대는 모두 지옥과도 같은 10대 입시 경쟁 속을 파헤치고 올라온 멋진 청춘들이다. 우리는 더욱 과감하게 나아가야 하고, 개인이 겪었던 아픔과 상처들을 성장의 발판으로 삼아 그동안 정해놓았던 한계를 넘어서야 한다.

　어릴 적 내 친구들이 나를 붙잡아준 것처럼, 나는 대한민국의 20대 청춘들의 손을 붙잡아 주고, 함께 성장하고 싶다. "빨리 가려면 혼자 가고, 멀리 가려면 함께 가라."는 말이 있듯이 나를 도와줄 수 있는 사람을 찾기보다 내가 도움을 줄 수 있는 사람이 되고 싶다. 또 분명히 앞으로 나아가다 보면 나의 '부족함'이 명백하게 드러나는 순간도 올 것이다. 그때는 내 부족함을 채워줄 사람이 반드시 나타난다고 믿는다. 이것만 기억하자. 우리는 모두 '헬조선'을 위대한 대한민국으로 바꾸어 나가기에 부족함이 없는 '대한민국의 20대 청년'들이다. 내 나라, 대한민국의 미래를 우리가 함께 멋지게 만들어 나가자.

　일본을 몰랐던 한국인, 한국을 몰랐던 일본인의 고백

02

나쁘지 않은 인생이 더 나쁘다

내가 스스로를 한국인이라고 외치기 시작한 순간부터 과거에 쪽발이라 불리며 충돌을 피하기만 한 나와 이별했다. 이후 나의 존재에 대한 강한 확신을 가지게 되었다. 그리고 지난날의 고통을 그저 아프기만 했던 상처로 끝내서는 안 된다는 생각을 했다. 인생을 살아가는 데 있어 처세술은 거창한 것이 아니다. 그저 지난날의 일들을 통해 내 삶을 재조명하고 이를 토대로 앞으로 어떻게 나아갈지 고민하는 것만으로 충분하다. 20세기 대표 투자가 워런 버핏은 다음과 같이 말했다.

"나의 수준을 돌파하라. 어떤 상황에 있든지 어떤 환경에 있든지 노력 여하에 따라 미래가 달라진다. 자신이 가고자 하는 한계를 넓힘으로써 미래로 나아가는 원동력을 만들어 낼 수 있다."

나는 처음으로 내게 주어진 환경을 벗어났다. 내게 주어진 운명을 어떻게 요리하느냐에 따라서 미래는 천차만별로 바뀐다. 운명이란 정해져 있는 것이 아니라 개척하는 것이라는 사실을 알았다. 그렇게 지난 상처들은 곧 나를 발전하게 해주는 밑거름이 되었다. 그리고 '나로 인해 수많은 사람들의 상처가 치유되면 좋겠다.'는 명확한 목표가 생겼다. 무슨 자신감이었는지 세상을 정의롭게 만들고 싶다는 생각까지 하게 되었다.

나 역시 대한민국의 20대 청춘들과 또래지만 무엇이 다르기에 과거를 버리고 미래를 선택할 수 있었을까? 특별히 '힘들다.'는 고민도 없고 평소에 사람들에게 도움을 주고, 책까지 쓸 수 있게 된 이유는 무엇일까? 일단, 습관적으로 사용하는 말과 감정을 표현하는 방법이 다르다. '내가 꼭 하고 싶은 일을 하면서 살겠다.'는 사고방식, 사회에서 무심코 흘려보내는 '헬조선, 금수저, 흙수저'라는 용어에도 아랑곳하지 않는 뚝심이 있었다. 오히려 그것들이 나를 막는 장애물이라고 느껴본 적이 단 한 번도 없다. 말을 한마디 하더라도 신중하게 선택하고, 사용할 수 있는 어휘의 폭을 넓히기 위해 항상 독서하는 습관을 가진 것이 큰 도움이 되었다. 이는 내가 살아가는 방식을 크게 바꾸는 데 일조했다. 습관을 바꾸는 것이 가능했던 이유는 크든 작든 '자존감이 바닥을 치고 있는 사람을 돕고 싶다.'는 마음가짐이 뿌리 깊이 내렸기 때문이다.

'당신은 궁극적인 인생의 목표를 무엇으로 두고 있는가?'라는 어려운 말보단 '적어도 나는 이렇게 살아야지!' 하는 가벼운 마음으로 시작해보라. 당신이 아침에 일어나서 세수하고 양치를 하는 것은 분명히 '일어나서 세수하고 양치해야지!'라고 생각하면서 움직이지 않았을 것이다. 결코 '꿈'이라는 것을 의도해서, 억지로 가질 필요가 없다. 쉽게 생각해서 '나는 이렇게 살고 싶어!' 이 마음가짐 하나면 충분하다.

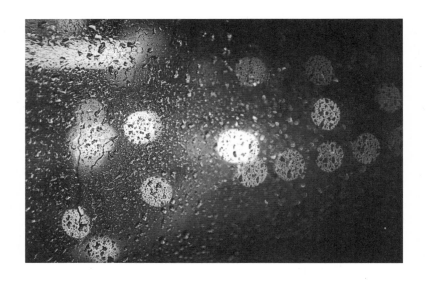

내 마음대로 사는 게 뭐 어때서?

　　나는 농업고등학교에 진학했다. 물론 원해서 진학한 것은 아니다. 중학교 시절 나의 성적은 밑바닥이었다. 그 당시 담임선생님은 내게 농업고등학교 외에는 갈 곳이 없다고 말씀하셨다. 선생님 말씀에 충격을 받아 나는 그 자리에서 눈물을 머금고 교실로 돌아갔다. 누군가를 돕고 싶다는 목표가 생긴 것까진 좋으나 현재 나는 부족함이 너무 많음을 이때부터 느꼈다. 그 뒤부터 내 인생에서 '도전'이라는 단어가 머릿속을 가득 메우기 시작했다. 농업고등학교에 입학해서는 물불을 가리지 않고 교내활동에 모두 참석했고, 학업 또한 게을리하지 않았다. 그 쾌거로 내신 등급은 5등급에서 3등급, 1등급까지 올라가 전교 1등까지 거머쥐게 되었다. 과정에는 분명 시행착오도 많았지만, 그 과정들이 있었기에 부족함을 하나씩 채워나갈 수 있었다.

　　『당신은 겉보기에 노력하고 있을 뿐』의 저자 리상룽은 "청춘은 부단히 넘어지고 일어서기 위해 존재하는 것이며, 분투해야 할 나이에 안정을 택해서는 안 된다."고 말했다. 실제로 농고에서는 자신이 다니는 고등학교 간판의 평판이 낮다는 이유만으로 자신의 인생은 끝났다고 말하는 친구들이 대다수였다. 하지만 나는 주어진 환경에서 최선을 다하는 삶을 선택했다.

우리는 무언가를 할 때 반드시 그 일을 하게 되는 계기가 있다. 그 말을 한마디로 바꾸면 '전환점'이다. "인생이란 누구에게나 처음이기 때문에 한 번도 안 가본 길을 가는 것과 같아. 그럼 어떻게 해야 원하는 목적지까지 갈 수 있을까? 다행히 세상은 구석구석에 '전환점'이라는 의미 있는 지표들을 숨겨놨어." 『하워드의 선물』이라는 책에서 나온 구절이다. 누구나 살면서 크고 작은 많은 일들을 맞닥뜨린다. 때로는 실패나 패배를 맛보았을 때 자신을 비하하거나 아예 포기해버리는 사람도 있다. 허나 삶 속에 숨어 있는 전환점들을 발견해나가는 사람은 남들보다 앞서나가고 있음에 틀림이 없다.

대학에 들어와서는 전공과 미래의 진로에 대한 고민이 이만저만이 아니었다. 분명히 농업고등학교에서 들어가기 어려운 전공이었지만, 안전함만을 추구한 탓에 들어왔던 내 선택은 머지않아 진로 문제에 부딪혔다. 사실 그 당시에는 학과 동기 중에서도 어쩔 수 없이 성적에 맞춰서 왔거나 정시 때 지원해 보았는데 붙어서 온 케이스도 있었다. 나 역시 그런 부류 중 한 명이었기에 학업, 학과생활은 뒤로 한 채, 자기 계발서를 다독하기 시작했고, 자격증, 특강, 세미나에 열심히 다녔다. "인간의 가치는 노력의 양에 따라 결정된다."는 말을 믿었기 때문에 미친 듯이 노력했다. 그 노력이 쌓이면 쌓일수록 타인을 어떻게 도울 수 있는지 구체화되기 시작했다. 나는 글로 표현하는 일이나 동기부여를 해주는 일을 잘했기 때문에 그때 떠오른 것이 고3 학생들을 대상으로 멘토링 지도를 하는 일이었다. '내가 항공서비스를 전공하고 있으니, 우리 학과 면접을 준비하는 학생들에게 1:1 멘토링과 스터디를 해주자!'라는 영감이 떠올랐다. 이미지 메이킹 부분에선 다소 부족했지만, 고3 학생들의 자기소개서에 자신의 스토리를 녹여내 '스토리텔링'을 해주는 것에 재능이 있다는 사실을 발견했다. 이는 강점에 집중했기에 가능했던 일이다. 나는 멘티들에게 자신의 0살부터 현재까지 어떻게 살아왔는지 두서가 없어도 되니 써보라고 했다. 그리고 그 이야기 속에 담긴 것들을 그 친구들만의 개성을 찾아내 자소서에 녹여내는 작업을 하게 된 것이다. 입시학원이나 인터넷에서 보면 "남들과 차별화되게 자소서를 쓰세요! 내 이야기를 스토리텔링하는 방식으로 쓰세요!"라는 조언은 많지만 정확히 어떻게 하는지를 가르쳐 주는 곳이 없었기에 고3 학생들도 꽤 답답했던 것 같다.

나도 지속적으로 면접 책들을 보면서 연구하고, 자기계발을 꾸준히 했기에 별 무리 없이 지도할 수 있었다. 말을 직설적으로 하는 탓에 나를 무서워했던 학생도 있었지만, 고민이 있으면 들어주고 독려해주는 일을 끝까지 책임감 있게 해주었다. 그 결과 어떤 친구는 누구나 가고 싶어 하는 대학의 항공서비스학과에서 진학하기도 했고, 어떤 멘티로부터는 이런 연락도 받았다.

"멘토님! 저 오늘 유명한 강사분이랑 진로부장 선생님으로부터 자기소개서나 여러 가지 조언을 얻었는데 90% 이상 멘토님이 제게 해주었던 말이랑 똑같아서 소름 돋았어요! 어떻게 그 나이에 그리 많은 것들을 알게 되신 거예요? 멘토링 받으면서 입시뿐만 아니라 내가 어떤 사람인지, 제 인생까지도 되돌아보게 되었어요. 감사합니다!"

어떻게 보면 이때의 멘토링은 내 생애 처음으로 타인에게 직접적으로 좋은 영향력을 준 계기였다. 그리고 그 경험을 토대로 고등학생들을 대상으로 면접 관련 책까지 쓰면서 작가로 데뷔할 수 있었다. 이

와 같이 나의 삶은 경험-계기-노력-성취로 이어져왔다. 무언가에 도전하고 성취하는 경험을 해보지 않으면 삶은 무의미하고 지루하게 흘러가 버린다. 그리고 그러한 삶은 결코 안전한 삶이 아니다. 언젠가는 다시 자신의 삶을 후회하고 고민하게 되기 때문이다. 5년 후, 10년 후의 삶이 지금처럼 특별히 만족스럽지 않아도 그럭저럭 나쁘지 않다고 생각한다면 그 생각을 바꿔야 한다. 지금 당장, 정말 멋지고 좋은 인생을 살고 싶다고 선언하라. 그냥저냥 나쁘지 않은 인생보다 최고로 행복하고 멋진 인생을 위한 목표를 가져라.

지금 당신에게 이렇다 할 꿈이 없다고 해서, 진로를 못 정했다고 해서 심각하게 고민할 필요는 없다. 그저 당신의 감정이 원하는 대로 살아가다 보면 분명히 경험이 쌓인다. 그 경험들은 당신이 꿈을 정하는 데 있어서 넓은 시야로 바라보고 선택할 수 있도록 해줄 것이다. 그리고 당신의 진로를 바꾸는 데 가장 중요한 것은 억지로 꿈을 만드는 것이 아니라 기억에 남는 전환점 속에서 "이 일을 통해서 무엇을

배울 수 있을까?" "나는 앞으로 무엇을 할 수 있을까?" 등 자신에게
묻고 그 답을 얻었다면 변화하겠다고 결단하는 것으로도 충분하다.
다른 것은 몰라도 자신의 미래만큼은 수동적인 태도가 아니라 주도적
으로 결정하고 만들어나가자. 그것이 유일무이한 우리 삶에 주어진
특권이니까 말이다.

03

내 마음속 작은 이야기, 지금 바로 말하는 대로

"나 스무 살 적에 하루를 견디고 불안한 잠자리에 누울 때면 내일 뭐 하지, 내일 뭐 하지, 걱정을 했지. 두 눈을 감아도 통 잠은 안 오고 가슴은 아프도록 답답할 때 난 왜 안 되지, 왜 난 안 되지, 되뇌었지. (중략) 마음먹은 대로 생각한 대로 말하는 대로 될 수 있단 걸 알지 못했지. 그땐 몰랐지. 이젠 올 수도 없고 갈 수도 없는, 힘들었던 나의 시절 나의 20대 멈추지 말고 쓰러지지 말고 앞만 보고 달려 너의 길을 가. 주변에서 하는 수많은 이야기 그러나 정말 들어야 하는 건 내 마음속 작은 이야기, 지금 바로 내 마음속에서 말하는 대로."

2011년, 내 나이 17살 때 처음 들었던 〈말하는 대로〉라는 노래의 가사 중 일부다. 감성적인 탓인지, 아니면 너무 공감되어서인지는 몰라도 듣는 이내 눈물이 흘렀다. 우리는 가끔 성공한 사람들을 보면서 부럽다고 생각하면서도 '나는 저렇게 할 수 없을 거야.'라고 생각하는 경우가 많다. 나 역시 똑같이 겉보기에 화려한 사람들, 성공한 사람들을 마냥 부러워만 했다. 그러나 유재석 씨를 보면서 겸손함, 성실함 그리고 흐트러짐 없는 한결같은 마인드가 인생에서 얼마나 중요한 태도인지 배웠다. 그리고 그것이 만들어지기까지는 분명히 그도 10대, 20대 시절에 수많은 어려움을 겪었다는 것을 음악을 통해 알게 되었다.

대표적으로 그의 자기 확신과 다짐을 볼 수 있었던 방송은 한 연예정보 프로그램에서였다. '국민'이라는 타이틀을 가진 스타들의 과거 모습이 소개되었는데, 유재석 씨가 데뷔 9년 차에 찍은 셀프 카메라 영상이 공개됐다. 영상 속의 그는 속옷 차림으로 웃음을 안겨주기도 했지만 다음과 같이 말을 하고 있었다.

"저는 주변에서 아는 사람들이 스타가 되고, 또 하루아침에 몰락하는 것을 너무나도 많이 봐왔습니다. 그래서 제가 한 가지 느낀 점은, 뜨고 나서 변했다는 사람들을 제 주변에서 많이 봤는데, 저는 정말 그런 사람이 안 되리라고 다짐을 했고, 지금도 그 생각에는 변함이 없습니다. 항상 겸손하고, 항상 이 모습 그대로 노력하고, 항상 솔직하고, 항상 성실하게 그런 모습을 보여드리기 위해 열심히 노력하겠습니다. 삶을 진지하게 바라볼 줄 아는, 그래서 진정한 웃음을 만들수 있는 그런 개그맨이 되겠습니다. 사랑합니다."

이 영상을 보면서 나는 생각했다. '우리는 아직 인생의 무명시절을 겪고 있는 것은 아닐까?' 하고

말이다. 인생의 전성기는 누구에게나 온다. 지금은 삶의 흐름을 잘 이끌어 나가는 것이 관건이다. 그러니 정말 잘되는 데 있어서 로또 같은 한 방의 기회는 없다. 설령 기적처럼 기회를 잡았다 하더라도 그동안 쌓아놓은 탑이 없다면 스스로의 모래성 같은 감정들에 취해 무너질 것이다.

아픔이 없는 삶은 없다. 어려움이 없는 인생도, 눈물이 없는 인생도 없다. 그저 차이가 있다면 그 아픔을 털고 다시 일어나 나아가느냐, 지난 과거의 '상처'라는 녀석한테서 벗어나지 못한 채 멈추어 있느냐에 있다. 나는 분명히 과거에 차별 당했던 것을 이겨냈고, 가난도 어려움도 이겨냈다. 그리고 꼴통학교라 불리는 곳에서 환경의 영향을 받지 않고, 지방대이지만 그중에서 가장 경쟁률이 센 학과에 붙었다. 그곳에서 새로운 목표를 발견해 '책 출간'이라는 실질적인 결과물까지 만들어냈다. 그러나 쉴 틈 없이 달려왔음에도 불구하고, 내 마음속에 아직 해결되지 않은 앙금이 남아있다는 사실을 22살에 알았다.

본래 가까워야 하는 존재지만 멀고도 먼 존재가 되어 버린 아버지. 부모님의 이혼 후 쭉 아버지가 없이 산 내 삶은 마치 한쪽 가슴이 뻥 뚫린 것 같았다. 어릴 적 양손에 부모님의 손을 꼭 잡고 걸어보는 일 따위는 내게 사치였다. 일본에 살면서 친구네 집에 자주 놀러가곤 했는데 가는 집마다 친구의 아버지는 나를 자식처럼 잘 대해

주었다. 나는 상대가 진심으로 대하는지 거짓으로 대하는지 말투, 눈빛, 행동으로 알 수 있었고, 사람의 감정에 민감했던 나는 직감적으로도 느낄 수 있었다. 우리도 그렇지 않은가. 상대방이 내게 진심을 다하고 있는지, 아닌지를 말이다. 서로의 감정을 교감하다 보면 느낄 수 있다. 친구들이 따뜻한 마음을 가진 데에는 다 그만한 이유가 있었다. 부모의 사랑과 관심을 가득 받고 자라서였다. 나는 울기나 많이 울었지, 누군가를 진심으로 생각해주거나 힘을 줘야 한다는 생각조차 해본 적이 없다. 부모로부터 교육을 받아보지 못한 탓, 사랑을 받지 못한 탓이라며 늘 남 탓만 일삼았다. 그리고 이 고통을 참아내고 성장해야만 행복해질 수 있다고 믿었다. 이 고통은 내가 만들어낸 것이 아니기 때문에 이겨내면 어떤 보상이 내려질 거라고 기대하며 살았다.

우리는 어려서부터 부족한 부분들을 크게 생각하고 이를 보완해야 한다고 배웠다. 예를 들어, 부족한 과목의 성적을 올리기 위해 과외를 받는다든지 살만 빼면 모든 것이 완벽하다는 생각에 무리한 다이어트를 감행하는 것처럼 말이다. 그리고 경쟁사회에서 우위에 서기위해서 '비판'은 필수 요소라는 말도 들었다. 나도 '자신에 대한 비판은 곧 자아성찰'임을 굳게 믿으며 살아왔다. 『해피니스 트랙』의 저자 에마 세팔라는 다음과 같이 말한다.

"우리는 고통을 참아내야 행복해지는 것이 아닙니다. 오히려 자기비판이 아닌 자기 연민(Self-compassion)을 가져야 합니다. 자기 연민이란 힘든 일을 겪은 친구에게 진심 어린 격려의 말을 전하는 것처럼 스스로에게 '괜찮아, 다음엔 더 잘하면 돼'라고 말할 줄 아는 겁니다. '넌 아직 한참 부족해'처럼 스스로를 좌절시키는 말이 아닙니다."

실제로 한 실험에서 그는 사람들이 어떤 일에 실패하는 순간 '자기 연민'을 실천하자 그들의 몸에서 기분 좋은 느낌을 선물하는 옥시토신 호르몬이 분출되었으며, 그렇지 않았던 사람들에 비해 결과적으로 12%나 더 높은 성과가 나타났다는 결과를 보여주었다. '자기연민'만으로도 행복과 성장 모두를 잡을 수 있다는 걸 증명한 셈이다. 그리고 나 역시 이를 실제로 경험했다.

한참 멘티들을 가르치며 책을 집필하고 있을 때였다. 쉴 틈 없이 달려오다가 어느 날 친구들과 함께 놀이공원에 놀러 갔다. 평일에다 사람도 별로 없었기에 놀이기구를 마음껏 탈 수 있었다. 친구들과 사진도 찍고 추억을 남기며 좋은 시간을 보내고 있었는데 잠시 쉬는 시간에 어머니로부터 문자가 왔다. "애야, 놀라지 말고, 보아라." 문자와 함께 온 사진을 확인하니 한자로 빼곡히 뭔가가 쓰여 있었다. 하나씩 해석해보니 바로 아버지의 사망 소식이었다. 서류에는 아버지 성함이 적혀 있었고 더욱 충격적이었던 것은 돌아가신 지 이미 4년이나 지났다는 사실이었다. 2012년, 내가 18살 때 아버지는 이미 세상을 떠나셨는데 나는 22살이 되어서야 처음 그 소식을 접한 것이다.

주변에는 즐거움의 음악들이 흘러나왔지만, 나는 그 자리에서 통곡할 수밖에 없었다. 눈물이 멈추질 않았다. 남들은 흔히 부르는 아버지라는 이름을 한 번도 불러드리지 못했는데, 이혼은 하셨어도 내 아버지이기에 나중에 꼭 잘되어서 찾아가려고 마음의 준비까지 해놓았는데 작별 인사를 이런 식으로 통보받으니 억울하고 죄송스러웠다. 한참을 울고 난 후에 근처 벤치에 앉으니 작은 인형 하나가 놓여 있었다. 누가 놓고 간 것인지 새것이었다. 꼭 하늘이 나를 위로해주기 위해 놓아둔 선물 같았다. 그 인형을 꼭 안고 그동안의 삶을 되돌아보면서 고백했다. '아버지의 등을 못 보고 자랐지만, 하늘은 나를 버리지 않았습니다. 그래서 저는 여기까지 올 수 있었습니다. 이제 앞으로는 제 뒷모습을 보며 따라오는 이들이 많이 생길 것입니다. 한 점 부끄러움이 없는 사람이 되길, 본받을 수 있는 사람이 되기 위해 여태까지 그래왔던 것보다 더욱 노력할 것이고, 앞으로 나아갈 것입니다. 그것이 제가 앞으로 할 수 있는 일이니까요.'

이 일을 계기로 나는 과거의 상처는 절대 씻을 수 없는 것이 아님을 깨닫게 되었다. 무의식을 지배했던 아버지에 대한 그리움, 그의 빈자리는 슬픔으로 끝난 것이 아니라 새로운 다짐이 되었다. 오히려 나는 더 강해졌고, 이와 같은 스토리는 반드시 나의 무기가 될 수 있음을 굳건히 믿게 되었다.

"결국에는 모든 것과 작별해야 할 시간이 온다. 찬란했던 꽃들도 어쩔 수 없이 지는 순간이 있고 먹구름 낀 하늘도 언젠가는 맑은 하늘이 되는 것처럼. 하지만 시들 것을 걱정해 꽃 하나 키우지 못하는 것. 이별을 먼저 생각하고 깊어지기를 두려워하는 것. 결과를 생각하고 과정을 두려워하는 짓은 하지 않아야 한다. 가끔은 작별이 너무 두려울 정도로 누군가를 사랑하는 것도 나쁘지 않다고 생각하니까."

『무너지지만 말아』라는 책을 쓴 조성용 작가의 말이다. 불행과 행복의 관점은 한 끗 차이다. 나는 아버지를 사랑했었다. 동경하고 그리워했다. 하지만 이 마음이 내가 전진하는 데 있어서 장애물이 되면 안 될 것이다. 스스로의 감정에 나약해질 때 한없이 무너지기 때문이다. 어릴 때는 가끔 아버지 생각이 나서 울적할 때가 있었지만 이젠 그렇지 않다. 오히려 내 마음속에서 보내드렸다. 앞으로 내 곁에 있을 사람들, 그리고 나를 보면서 배우고 따라올 사람들을 위해서라도 나는 중심을 잡고 묵묵히 갈 길을 가야 함을 가슴 깊이 깨달았다. 그리고 내 이야기는 지극히 나 개인에게 해당되는 것이지만 먼 훗날에 다른 사람에게 힘을 줄 수 있는 이야기가 될 거라 생각한다.

『상처도 스펙이다』의 최해숙 작가는 말했다. "힘든 순간에는 보이지 않는 것들이 있다. 그때는 그 힘든 순간이 언제 끝날까 하는 두려움이 크기 때문에 아무것도 들리지도 보이지도 않는다. 하지만 시간이 지나면 내가 왜 그때 그런 어려운 시간들을 겪어야 했는지를 비로소 알게 되는 때가 온다."

나는 왜 내 삶에 이런저런 사건들이 일어났는지 이제야 알게 되었다. 그것은 위기가 아니라 기회였음을, 어쩌면 그동안 쌓아왔던 성실, 인내, 겸손함의 탑을 베이스에 두고 한 번에 역전할 수 있는 무기가 될 수 있음을 알았다. 아직도 지난 과거에 머무르고 아픔 속에 갇혀서 전진하지 못하고 있는가? 그럴 때일수록 자신의 이야기를 드러내고 그 상처와 슬픔으로부터 한 발짝 전진하라. 자신 있게 "이제부터 행복해질 거야!"라고 말하라. 두려워하지 말고, 믿고 쓰고 말하라. 그리고 많은 사람들에게 전하라. 당신의 진심이 담긴 스토리는 누군가에게는 행복의 촉진제가 되어주고, 당신의 마음속에 있는 이야기들은 반드시 성공의 나침반이 되어 줄 것이다.

신상아

한국외국어대학교 포르투갈어과를 졸업하였고 글로벌 노마드로의 삶을 사랑하는 사람이다. 편안하고 안정된 정서를 바탕으로 한다면 어떠한 환경에서도 자신의 달란트를 끌어올릴 수 있는 행복한 사람이 된다고 믿는 사람이다. 누군가 그녀에게 두 아이의 엄마로서 아이들에게 반드시 물려주고 싶은 유산이 무엇이냐 묻는다면, 자기 자신에 대한 확신과 믿음, 그리고 세상에 대한 긍정적인 호기심이라고 말한다. 이러한 유산들을 아이의 마음속에 심어주는 것이 기성세대가 할 수 있는 가치 있는 일이라 믿는 사람이다.

중·고등학교 학창시절 사춘기를 교육의 중심지라 불리는 강남구 대치동에서 자라왔다. 그시기는 학교에서 숫자로 수렴하는 서열화 속에서 목표점을 잃고 표류한 때였다. 그렇게 겪은 유년기의 성장통과 그 이면의 장점들을 바탕으로, 앞으로 다가올 새로운 세대는 반드시 새로운 마음과 가치로 길러내야 한다는 결론을 내렸다. 유독 고집스러운 우리나라 교육철학과 태생적으로 맞지 않는 유목민적 성향을 가져서일까? 자신의 두 아이도 공교육과 이별하고 자유로운 유년기를 마음껏 즐기며 삶을 사랑하는 사람들로 키우고 있다.

---

* 이메일: sanga1206@naver.com

01

정말 문제는, 돈을 바라보는 당신의 태도

소득 순으로 전 세계인을 줄 세운다면 당신은 상위 몇 퍼센트에 속한다고 생각하는가? 아마 보통 사람이라면 자신의 사회적, 경제적 위치를 다른 사람들과 비교해 중간 정도라고 생각할 것이다. 하지만 『냉정한 이타주의자』에 따르면 연 소득이 5만 2천 달러 이상이면 이미 전 세계 상위 1% 안에 속한다고 한다. 또한 연 소득이 2만 8천 달러이면 전 세계 상위 5% 안에 들어간다. 심지어 미국 빈곤기준선인 1만 1천 달러라고 하더라도 상위 15% 안에 든다고 하니 당신은 경제력이 있는 이 나라에 태어난 것만으로도 전 세계 최상위권의 풍요로운 삶을 이미 누리고 있는 중이다.

절대적 빈곤의 문제를 겪고 있지 않더라도 사람들은 저마다 각자가 처한 경제적 문제로 고민하며 산다. 사실 누구나 더 많은 돈을 갖길 원한다. 지금보다 더 성공하여 여유로운 삶을 살고 싶은 욕망도 있다. '불확실한 미래에 대한 대비책으로 젊었을 때 좀 더 벌어야 하지 않을까?' 하는 생각에 지금 당장 하고 싶은 일을 유예하기도 하고, 좋아하지 않는 일이라도 보수가 좋다면 그 일을 선택하기도 한다. 돈을 더 벌어야 한다는 강박과 집착으로 자신도 모르게 돈에 대한 불안함과 걱정하는 마음이 들곤 한다. 하지만 이러한 부정적인 태도가 우리의 경제적 근심을 해결해 줄 수 있을까? 돈에 대하여 긍정적으로 생각하지 못하는데 과연 돈이 나에게로 흘러들어올까? 현재까지의 상황이 그렇지 않았다면 지금부터라도 돈에 대한 생각과 태도를 조금 바꿔보는 것은 어떨까.

『돈의 인문학』을 쓴 김찬호 사회학과 교수는 돈의 본질에 대해 이렇게 말한다. "돈은 물질이 아니다. 그것은 사람과 사람을 이어주는 미디어다. 개인과 세계를 묶어주는 사회 시스템이다. 근대사회 이후 그 작동의 범위가 급격하게 넓어지면서 돈의 힘이 점점 막강해졌다. 우리는 그 무형의 기호를 통해 유형의 물질을 획득할 수도 있다." 저자의 말처럼 돈은 현대 사회를 살아가는 데 우리에게 꼭 필요한 자원이다. 그것은 우리에게 필요한 다양한 서비스와 자원을 상호 교환할 수 있게 해준다. 하지만 돈의 힘이 커지면서 불행해지기도 한다. 따라서 행복한 인생을 위해 돈으로는 절대 사지 못하는 가치들과 돈으로 살 수 있는 자유의 균형을 맞추는 지혜가 필요한 때이다.

긍정적인 마음으로 돈을 벌려면 자신이 좋아하는 일을 선택해야 한다. 찰스 디킨스의 소설 『크리스마스 캐럴』에 등장하는 스크루지 영감은 돈의 보상만을 추구하는 인생을 살았다. 그런 그가 7년 전 죽은 친구와 함께 자신의 과거, 현재, 미래를 돌아보며 자신이 잊고 살았던 인간적 가치들의 소중함을 깨우친다는 내용이다. 이 소설의 작가 찰스 디킨스는 작품을 집필할 당시 많은 빚을 지고 경제적으로도 매우

힘든 상황에 있었다고 한다. 하지만 자신이 좋아하는 일인 글쓰기에 몰입하여 울고 웃으며 집필을 하다 보니 명작을 탄생시키게 되었다. 이처럼 열정을 쏟을 수 있는 일을 함으로써 그것에 몰입할 때 성공으로 향하는 길이 열린다. 반면 즐거움 없이 돈만 좇는 일을 선택한다면 소설 속 스크루지 영감처럼 우울한 삶을 살게 되지 않을까?

나는 치밀한 성격의 사람이 아니다. 둥글둥글 편하게 살면서 조금은 손해 보며 사는 것도 나쁘지 않다고 생각하는 사람이다. 귀찮다는 핑계로 가계부도 작성해 본 적 없다. 하지만 이렇게 덜렁대는 나의 성격을 알면서도 신랑은 돈 관리를 나에게 모두 맡겼다. 나는 저평가된 부동산이나 기술에 대한 투자를 좋아한다. 작년에는 문정동 근처의 아파트를 유심히 보고 있었다. SRT의 개통으로 주변 교통이 좋아지기 때문이었다. 남쪽으로는 법조타운의 이전과 위례 신도시의 입주가 시작되었고, 북으로는 상업 밀집 지역인 잠실이며, 서쪽은 한참 재건축이 진행 중인 강남구이니 지리적 위치에 비해 가격이 저평가되었다고 판단했다. 지난 연말 가락시장역에 위치한 작은 아파트를 전세를 끼고 저렴한 가격에 매입했다. 현재는 주변 환경이 호재가 반영되어 가격이 오르는 추세이다. 매일 시장을 살펴야 하는 부지런함을 요하는 투자는 나에게 맞지 않는다. 또한 한 번 매입하면 어지간해서 팔지 않는다. 가치에 매료되었기에 오래도록 보유하곤 한다. 경험상 그런 물건들이 후에 더 큰 수익을 안겨준다고 믿는다. 이렇듯 자신이 관심 있고 좋아하는 분야의 일은 잘할 수밖에 없다. 그러면 돈은 저절로 따라온다. 즐겁고 기쁘게 생활하니 운도 당신 편에 선다. 좋아하는 일을 시작하기엔 이르다며 자신의 강점을 묻어두지 말자. 좋아하는 일이야말로 당신이 즐기면서 돈을 벌 수 있는 유일한 방법이다.

돈을 다루는 능력은 경험으로만 길러진다. 어른이 되어 분별력이 생기는 것과 돈이라는 자원을 관리하는 능력은 별개의 것이다. 아무리 나이가 많아도 돈에 대한 감각이 없다면 관리가 쉽지 않을 것이다. 돈의 모습이 사람 혹은 회사처럼 복잡한 모습으로 변화되면 경험의 중요성이 더욱더 커진다. 그래서 실패도 자산이 된다. 나는 아이들을 낳기 전에 친정아버지가 운영하시는 회사에서 일을 했다. 작은 회사였지만 회사에서 돌아가는 전체 자금의 흐름을 보고 배우고 느낄 수 있었다. 무역업도 하셨기에 수출에 따른 외환업무를 보면서 국내뿐 아니라 국외로의 돈의 흐름도 관찰할 수 있었다. 나는 화폐에 관심이 많은데, 여러 나라의 환율을 느끼며 살던 당시 경험은 돈에 대한 직감을 기르는 데 큰 도움이 된 것 같다. 돈을 관리하는 경험이 쌓일수록 그것을 활용하는 능력도 키워진다. 그러기 위해서는 어린 나이부터 다양한 경제활동의 기회에 참여해 보는 것이 좋다. 가격은 낮을수록, 가치는 높을수록, 결정은 빠를수록 좋다는 것이 그동안의 경험이 알려준 나만의 투자 노하우다. 시간은 수익률을 좌우하는 매우 중요한 요소이니 어린 나이부터 경제 경험을 시작할수록 얻게 되는 과실도 더욱 풍성해질 것이다.

돈은 신뢰의 다른 이름이다. 요즘 한참 이슈가 되고 있는 가상화폐 비트코인은 네트워크 참여자들의 모든 거래 기록을 투명하고 동일하게 실시간으로 나눠가지는 방식을 채택하여 보안을 강화하고 참여자들의 신뢰를 이끌어낸다. 작년부터 가상화폐에 관심을 갖고 참여하고 있다. 가상화폐는 크게 비트코인과 알트코인으로 나뉜다. 비트코인은 가상화폐의 달러화와 같은 기축통화다. 수백 가지가 존재하는 나머지 알트코인들을 거래하기 위해서는 일단 가상화폐계의 기축통화인 비트코인으로 환전해야 한다. 최근 들어 비트코인이 집중적인 관심을 받고 있는데 그 이유는 간단하다. 신뢰를 바탕으로 모든 거래의 장부를 참여자 전부에게 투명하게 공개하겠다는 금융시스템이기 때문이다. 이처럼 신뢰는 곧 돈으로 연결된다. 은행 또한 신뢰가 돈으로 변하는 곳이다. 금리는 신뢰도를 바탕으로 책정된다. 높은 신뢰도를 가진 사람은 낮은 금리, 즉 싼 이용료로 대출금을 사용할 수 있다. 낮은 신뢰도를 가진 사람은 높은 금리가 적용되어 비싼 사용료를 지불하게 되거나 혹은 은행과 거래를 하지 못할 수 있다. 신뢰도에 따라 이용할 수 있는 대출금액과 그 사용료인 금리가 적용되니 신뢰는 곧 돈이라 말할 수 있다. 거주용 주택의 담보대출 금리가 상업용 상가의 담보대출 금리보다 낮은 이유는 경기를 타지 않을 것이라는 믿음에서 출발했을 것이다. 경기가 죽으면 상가는 공실이 날 수 있지만 주거용 주택의 수요는 변할 리가 없으니 말이다. 따라서 경제적 파이를 키우려면 자신의 신용도를 높여야 한다. 신뢰할 수 있는 양만큼의 돈이 당신에게 투자될 것이다.

돈을 제대로 파악하기 위해서는 아이들을 너무 풍족하게 키우면 안 된다. 부족함 없이 곱게만 살아온 자식들은 돈이 가져다주는 안락함이 돈의 전부인 줄 안다. 돈의 한쪽 면만을 알게 되는 것이다. 가장 이상적인 것은 위에서 말한 것처럼 자신의 신뢰도만큼의 돈을 관리하는 것이다. 능력 이상의 돈을 다루다 보면 어려움을 딛고 재기하는 능력을 기르기가 힘들다. 또한 이따금씩 찾아오는 행운의 기회를 거머쥐는 능력도 키우기 어렵다. 나는 아이들에게 부모의 경제력에 의지하지 않는 자립성을 물려주고 싶다. 만약 부모의 돈으로 인해 아이들이 나약한 어른으로 자라게 된다면 나는 백번이고 돈을 포기하는 것이 낫다고 생각한다.

돈은 실체도 없어져가고 소유권도 확인하기 힘들어진다. 사람들은 자신의 은행 계좌에 돈을 소유하고 있다고 생각한다. 하지만 이는 틀린 생각이다. 당신이 은행의 개인금고를 대여하여 현찰을 잔뜩 보관하고 있는 고객이 아니라면 말이다. 현재 우리가 사용하고 있는 화폐는 대다수가 현물이 아닌 숫자로 디지털화되어 있다. 우리가 은행 간에 송금을 할 때도 전산망 안에서 데이터로 숫자가 변동되지 실제 돈이 오고 가는 것은 아니다. 그러니 돈을 소유하려 하지 말고 교환하는 도구로 인지하고 잘 사용하자. 세상에 필요한 가치를 제공해 주며 돈을 쓰고 다른 가치로 교환하자. 가장 쉬운 예는 소유한 부동산을 빌려주는 것이다. 세를 구하는 수요가 공급보다 많은 곳이라면 부동산을 임대 놓는 것도 집을 구하는 사람을 위한 서비스 제공이라 볼 수 있다. 회사를 세워 사람들에게 필요한 좋은 물건을 만든다면 그것 역시 세상에 필요한 가치를 창출하기 위해 돈을 사용하는 것이다. 부가가치가 생성되는 방향으로 돈을 계속하여 굴려나가자. 부자들의 목표는 자신이 가진 자원을 활용하여 더 많은 자원을 확보하는 것에 있다.

우리가 돈 자체를 좋아하는 것은 아닐 것이다. 전산망에서 반짝이는 숫자나 세균 덩어리인 초록빛 종이를 좋아할 이유는 없다. 돈이 아무리 많아도 마음의 평화를 얻거나 삶의 목적을 깨닫는 전율의 순간은 경험할 수 없다. 하지만 돈이 있어야만 얻을 수 있는 경험도 분명 존재한다. 그렇다면 돈에 휘둘리지 않으면서도 원하는 만큼의 부를 얻기 위해서는 어떻게 해야 할까? 프로 포커 선수 출신의 경제 강연가 빅터 보크는 『부자독학』에서 돈에 작용하는 두 가지 에너지인 인력과 척력을 동시에 관리하라고 조언한다. 미래의 풍족한 자신의 모습을 구체적으로 상상하면서 돈을 끌어당기는 인력의 에너지를 강화함과 동시에 돈에 집착하고 얽매어 고통스러워하는 부정적인 척력은 상쇄해야 한다고 말이다. 특히 척력을 상쇄하기 위해선 항상 기꺼이 남에게 베풀어야 한다고 조언한다.

　　돈을 부르는 베풂이야말로 나에게도 좋고, 받는 사람도 좋고, 더불어 행복한 사회를 만들 수 있는 좋은 방법이 아닐까 싶다. 삶의 열정이란, 물론 자유와 기회를 제공해주는 돈을 버는 데에도 쏟을 수 있지만 자기 존재의 이유를 찾아 그 길을 걸어 나갈 때의 에너지를 느끼는 데에도 바칠 수 있을 것이다. 억만금을 주어도 경험할 수 없는 가슴 떨리는 그 경험을 당신도 누려야 한다. 그러기 위해서 어느 정도 경제적 능력을 마련했다면 마음의 풍요로움을 위해 다음 단계의 여정을 시작해 보는 것은 어떨까? 어렸을 적 이루지 못한 꿈에 다시 도전하거나 정말로 좋아하는 사람들과 함께 포근한 시간을 보내거나 상쾌한 자연의 품속을 거니는 정서적 풍요를 추구할 때 우리는 돈으로는 절대 얻을 수 없는 강렬한 만족감을 얻게 될 것이다.

02

혼자 있을 수 있어야 둘이 있을 수도 있다

나는 SNS를 거의 하지 않는다. 어쩔 수 없이 휴대폰에 깔려있는 카카오톡 인사말도 "카톡 안 합니다."로 되어 있다. 싸이월드부터 페이스북까지 온라인상에서 나의 족적은 찾기가 힘들다. 찾을 수 없는 존재는 나를 표현하는 자유인 동시에 나의 정체성이다. 나는 대한민국 인맥공화국의 네트워크에서 살짝 빠져있는 불량 나사 같은 내 삶을 사랑한다. 물론 사회에 대한 나의 영향력은 미미하다. 하지만 무언가를 취하기 위해 끊임없이 인맥을 동원해야 하는 피로감 없는 나의 삶이 만족스럽다. 단순한 일상의 여유와 드문드문 마음 통하는 벗과의 만남만으로도 더할 나위 없이 충만하다.

위키피디아에서는 '히키코모리' 흔히 우리나라에서 '은둔형 외톨이'라 불리는 사람이 생기는 원인에 대해 다음과 같이 설명하고 있다. 첫째, 학교나 직장에서 당하는 정신적·육체적 고통을 피하기 위해,

둘째, 가족들과의 관계에서 생긴 트라우마, 지나친 간섭으로 인해 자신감을 갖지 못하고 성장한 경우, 셋째, 사회에 압도되어 인생에 절망한 경우, 넷째, 자신이 보기 싫어하는 현실, 사람, 장소 등을 보지 않기 위해 의도적으로 집안에 숨어든다는 것이다. 순도 백 퍼센트의 '은둔형 외톨이'로 살아보진 못했지만 나에겐 분명 히키코모리적 성향이 있다. 그 성향의 시작을 거슬러 올라가면 내가 고등학교 2학년, 학교를 그만두고 나올 때쯤이 아니었나 싶다. 위키피디아에서 말하는 '은둔형 외톨이'의 원인 중 무엇이 나의 히키코모리적 요소였는지 따져보겠다.

첫째, 학교에서의 친했던 친구와 학업 경쟁으로 인해 주고받았던 상처와 미움 등 부정적인 감정을 소화하지 못했다. 당시 나의 정신 근육은 그것을 소화해내기에 역부족이었다. 견디기보다는 도망치고 회피하는 것이 더 수월해보였다. 둘째, 자식의 심리상태보다는 단기적 성과에 집착했던, 그것이 자식의 미래를 위한 일이라 믿었던 엄마와의 관계를 제대로 정리하지 못했다. 셋째, 공동체 의식이 붕괴된 경쟁의 교육시스템 속에서 성취와 관계 문제 사이에 갈피를 잡지 못한 아이였다. 넷째, 그러한 학교와 제도, 친구, 사람들에게서 멀어지고 싶었다. 따져보니 모두 다 해당된다.

이제는 희미해졌지만 몇 년 전까지만 해도 가끔씩 꿈속에서 열일곱 살의 비틀대던 나를 만나곤 했다. 학교를 나온 뒤 불안감과 혼란 그리고 수치심을 뚝뚝 흘리던 그때의 나를 꿈속에서 재회하는 일이란 정말이지 유쾌하지 않았다. 요즘은 그런 꿈을 꾼 날, 어른으로의 내가 어린 나에게 진심 어린 연민을 보내는 것으로 하루를 시작한다. 하지만 처음부터 그렇게 하지는 못했다. 악몽에 시달리는 것처럼 자다가 깬 적도 많았고, 아침부터 정말 더러운 기분으로 하루를 시작한 날도 있었다. 정말로, 정말로 잊고 싶은 기억인데 그 기억을 내가 나에게 반복하여 보여주는 자기 형벌의 과정이었다.

열일곱, 열여덟 또래 친구들은 한창 공부로 인해 스트레스를 받는 시기였지만, 나는 공부보다 관계의 상처 때문에 힘들었다. 나와 친했지만 멀어졌던, 그래서 본의 아니게 내 인생에서 너무나 큰 부분을 차지하게 된 그 친구는 나를 만나기 위해 우리 집에 찾아온 적이 있었다. 하지만 열일곱의 난 그 상처와 마주할 용기가 없었다. 지금 생각해 봐도 이해가 잘 안 가는 부분이 있지만 그때는 그냥 마주하기 싫었던 것 같다. 엄마는 친구가 왔는데 왜 나오질 않느냐며 나를 재촉했지만 난 화장실에서 샤워기 물을 틀어 놓은 채 나오지 않았다. 미묘한 심리에 대해서는 유달리 두꺼운 신경을 가지고 있는 엄마는 아마 기억도 하지 못하는 과거일 것이다. 그날 그 친구는 거실에서 한참이나 나를 기다리다 편지만을 남겨 놓고 돌아갔다. 그리고 그것이 내 고등학교의 마지막 기억이다.

사춘기 또래집단에서 떨어져 나와 나 혼자 가겠다는 선택을 했을 때, 나는 분명 외로웠고 두려웠다. 어디에도 소속되지 않는다는 것은 그 나이 또래 청소년에겐 밖으로 드러내기에 불편한 일종의 낙인 같은 것이었다. 가끔은 나의 나약함에 수치심도 들었지만 그래도 감사했다. 학교라는 틀 안에서 느꼈던 고통에 비한다면 문제의 요인이 제거된 후, 혼자 있어 외로운 것쯤은 오히려 안정된 상황처럼 느껴졌으니까. 외로움은 나에게 자유이자 평온함이었다.

외로움, 고독 등을 단지 부정적인 감정으로만 여기지 않으면 좋겠다. 사람이 인지하는 다양한 감정들을 이분법적으로 나누는 것은 현명하지 않다. 감정은 우리가 살아있음을 증명해주는 신호이다. 혼자 있는 시간에 자신의 감정을 살핌으로써 그의 생각과 사고는 숙성된다. 소금물에 담가놓은 메주는 단숨에 훌륭한 장이 되지 못한다. 따스한 햇살과 바람 그리고 부드러운 시간의 흐름만이 맛깔나게 숙성된 장을 빚어낸다. 부정적인 감정들은 재촉한다고 해서 단숨에 없어지는 것이 아니다. 때가 되면 책장이 넘어가듯, 화면이 바뀌어 가듯 그 모습을 바꾸어 간다. 유쾌하지 않았던 감정들도 숙성의 과정을 지나고 나면 반드시 행복하고 평화로운 감정으로 변화되어 사람을 성숙하게 한다.

모든 감정은 자신의 일부분이다. 그러니 외로움이 찾아왔을 때, 자신의 일부분인 부정적인 감정을 없애려고 너무 애쓰지 말자. 오히려 내가 나를 필요로 한다는 SOS(신호)로 여기고 마주해 보자. 타인과 주변 상황에만 신경 쓴 나머지 내가 나에게 내민 도움의 손길을 뿌리쳐서는 안 된다. 너무 애쓸 필요도 없다. 어째서 그러한 감정이 들었는지 조용히 혼자 지내는 시간을 가지면 된다. 외로움도 고독감도 다 이유가 있어서 찾아온 귀한 나의 모습들이니 말이다.

나는 혼자 있는 것이 좋다.
고독만큼 사귀기 쉬운 친구는 없을 것이다.
우리는 자신의 방에 틀어박혀 있을 때보다
밖에서 사람들과 섞여있을 때 대부분 훨씬 더 고독하다.
무엇을 생각하거나 일을 할 때,
사람은 어디에 있든 항상 혼자인 것이다.

헨리 데이비스 소로의 『월든』 중 고독의 일부이다. 나에게 혼자만의 시간이란 인간관계로 인한 상처를 생각하고 치유하는 시간이었다. 혼자였던 그 시간은 당시의 나에겐 힘든 시간이었지만 분명 얻은 것이 더 많은 기회의 시기이기도 했다. 혼자 있어 본 경험은 나를 타인의 기준으로 어지럽히지 않고, 타고난 나 자신의 시각을 유지할 수 있게 해주었다. 누구를 보고, 누구를 만나든, 그 사람의 좋은 면과 사랑스러운 면이 먼저 눈에 들어오는 것은 어쩔 수 없는 나의 천성이다. 나이에 비해 너무 순진한 생각으로 사는 것 아니냐고 비웃을 수도 있겠다. 하지만 한걸음 떨어져 관계를 관찰하는 자세로 바라보니 인간관계는 강박적으로 맺어야만 하는 필수적인 것이 아니었다. 아픈 경험이 있었기에 관계에 대한 문제를 여러 각도로 생각해 볼 수 있었다. 그 연습 때문이었을까? 현재 남편과 나는 만난 지 17년이 지났지만, 크게 감정 상한 일 한번 없이 서로에게 감사하는 즐거운 결혼생활을 누리고 있다. 또한 내가 엄마가 된 후에는 관계에 대한 관심이 부모와 자식 간의 관계로 확장되어 가족 모두가 즐거운 생활을 누릴 수 있게 되었다.

혼자 있는 시간은 또 다른 선물들을 가져다준다. 집단에서 떨어져 자신만의 시간을 가지다 보면 보통 사람들과는 다른 환경에 놓여 있기에 평범한 사람들이 할 수 없는 특별한 아이디어를 떠올릴 수도 있다. 또한 물리적 거리를 유지함으로써 객관적 입장에서 사람들의 특성을 관찰할 수 있는 기회를 얻기도 한다. 그 기회는 나중에 타인에 대한 이해도를 넓혀줌으로써 좀 더 풍성한 인간관계로 그 열매를 맺을 것이다. 한편 혼자 있는 시간은 또 다른 이로움이 있으니, 도처에 넘쳐나는 긍정에너지 뱀파이어들로부터 자신을 보호할 수도 있다. 그리고 방해받지 않고 자신의 생각을 밀고 나가는 뚝심으로도 발휘될 수 있다. 대중 속에 있으면 내면의 소리보다는 외부의 소리에 귀를 기울이게 되는 것처럼, 혼자 있으면 조금 외로울 수는 있겠지만 자기 자신을 얻을 수 있다. 자신의 목표에 몰입하는 사람치고 내면의 소리를 따르지 않는 사람이 없고, 내면의 목소리에 귀 기울이기 위해서는 반드시 혼자만의 시간이 필요하다.

현재 나는 적은 수의 가면만을 가지고 산다. 누군가는 "너무 순진한 방식으로 세상을 사는 것 아닌가?"라고 물을 수 있겠지만 그 물음에 "행복한 삶을 살기 위해 무엇이 필요한가?"라는 질문으로 답하고 싶다. 솔직하게 나 자신을 돌아보는 것, 원래 자신의 모습을 사랑스럽게 받아주고, 그 모습에 감사하는 마음으로부터 행복이 생겨나는 것이 아닐까? 혼자 있는 것을 견디지 못하는 사람은 자신의 고유한 모습을 포기한 것이나 다름없다. 나는 아직도 사람들과 단기간에 금방 사귀는 사교적인 성격이 못된다. 그것은 내 고유의 모습이 아닐뿐더러 내가 원하는 나의 모습도 아니다. 하지만 혼자 있는 시간을 가지면서 어눌하고 부족하지만 나의 고유한 모습을 지킬 수 있었다. 그리고 그것은 행운이었다. 혼자 있는 시간을 보내고 나를 지켜낸 내가 고맙다.

지금 사람들과의 관계 때문에 스트레스를 받고 있다면 혼자만의 시간을 가져보길 추천한다. 연연하고 끌려가는 관계는 우리를 행복한 결론으로 데려다주지 않는다. 시간이 지날수록 더욱 고통스러워질 가능성만 커진다. 가끔은 타인과 거리를 두고 나의 마음에 집중하는 시간을 가져보자. 나의 행복을 바라고 그것을 지켜내는 '나'라는 동반자를 가지게 될 때 행복은 우리 곁에 이미 와 있을 것이다. 혼자만의 시간을 즐길 줄 아는 진정 행복한 사람만이 상대방까지도 행복하게 해줄 수 있다는 것은 당연하기 때문이다.

사랑의 은밀한 작동원리

바라만 보아도 신기하고 행복했던 첫째 아이는 내가 스물아홉에 태어났다. 아이는 모든 것이 설렜던 첫사랑처럼 무한한 사랑과 관용을 샘솟게 했다. 우리는 서로에게 지극한 마음으로 하루하루를 보냈다. 매시간이 데이트였고 놀이였다. 새벽까지 이어진 뽀로로 동요와 기차놀이에 아침은 항상 늦게 시작되었지만 문제 될 것은 전혀 없었다. 다음 날 햇살이 길게 드리워지면 어느 순간 아이는 눈을 부비며 일어난다. '오늘은 또 무엇을 하면서 놀까?' 하는 기쁜 고민과 기대가 있을 뿐이다. 동생이 태어나기 전까지 딱 3년 동안은 그랬다. 하지만 3살 터울의 자그마한 여동생이 태어나게 된 그해 아들은 인생의 쓴맛을 보게 되었고, 동생이 태어난 그날 평생 불릴 오빠라는 또 하나의 호칭을 얻게 되었다.

큰아이는 몸을 움직이는 것을 유난히 좋아한다. 운동신경이 좋을

뿐 아니라 신체를 잠시도 가만히 두질 못한다. 개인적으로 친분이 있었던 유아교육을 전공하신 선생님 한 분은 "이 정도면 ADHD로도 착각할 수도 있어요."라며 우려했지만, 아이가 하나였기에 활동성이 큰 아들이 힘들다고 느껴본 적은 없었다. 한시도 아이의 행동에서 눈을 떼면 안 되었지만 '얘가 축구선수가 되려나?' 하며 흐뭇하게 지켜볼 수 있는 여유가 있었다. 하지만 동생이 생겨 아이가 둘이 되자 난감한 상황이 자주 일어났다. 큰아이는 갓난아기가 있는 거실에서 뛰고, 구르고, 넘어지는 정도가 더욱 심해졌다. 둘째의 안전을 위해서 큰아이의 자유로운 움직임을 저지할 수밖에 없었다. 그동안의 관용과 허용은 막 태어난 둘째의 안전을 위해 제한되어야만 하는 나쁜 행동이 되어버렸다. 큰아이 입장에서는 자유롭게 활개를 치던 자신의 집이 새로 태어난 갓난아기의 보금자리로 급격히 바뀌어가는 부정적인 변화가 일어난 셈이었다.

둘째가 태어난 지 얼마 되지 않아 큰아이가 눈을 깜박인다는 것을 알게 되었다. 처음에는 눈에 잘 띄지도 않았다. '결막염이 생겼나? 안과에 데리고 가야 하나?' 하고 생각했다. 아이가 눈을 찡긋대는 것이 마치 윙크를 하는 것처럼 보였다. 대수롭지 않게 여겼다. 아이가 반복적인 헛기침 소리를 내기 전까진 말이다. 사전에 따르면 틱(tic)이란 아이들이 특별한 이유 없이 자신도 모르게 얼굴이나 목, 어깨, 몸통 등의 신체 일부분을 빠르게 움직이는 이상 행동이나 소리를 내는 것을 말한다. 운동을 담당하는 근육에 작용하면 근육틱으로, 음성을 주관하는 근육에 작용하면 소리를 동반한 음성틱으로 나타난다. 보통 7~11세 사이에 가장 많이 나타나고 학령기 아동의 15% 정도에서 일시적으로 나타났다가 사라지는 일과성 증상이 대부분이라 한다. 하지만 지속기간이 짧게는 몇 개월에서 길면 몇 년까지도 지속되니 아이를 바라보는 부모의 마음도 그 기간과 함께 힘들어지기가 쉽다. 틱이 생기는 원인을 뚜렷하게 설명하기는 어렵다고 한다. 유아의 뇌가 자라나는 과정에서 아직 완성된 상태가 아니기에 일어나는 정보처리의 오류쯤이라고 보면 되었다.

큰아이의 경우에는 4세부터 시작된 증상이 6세까지 일 년에 두세 차례 정도 나타났다. 한 번 증상이 시작되면 한 달 정도 지속되다 사라졌다. 그 후 몇 개월은 아무런 증상이 없어 안심하고 있으면 또다시 증상이 보인다. 안타까움에 애태우던 시간이 몇 차례나 반복되었다. 보통 둘째들이 태어나면 첫째는 갑자기 어른스러워지기를 부모로부터 요구받는다. 그들의 나이가 두 살이든 세 살이든 열 살이든 말이다. 갓난아기에게 엄마의 몸과 마음이 소진되면 첫째라도 부모의 말귀를 알아들어주는 다 큰 아이의 역할을 해주었으면 하고 바라게 된다. 하지만 소아정신과 의사 서천석은 둘째를 낳은 부모들에게 바로 그때가 첫째에게 가장 집중해야 할 시기라고 말한다. "조금 우스운 비유이지만, 옛날에 처첩 제도가 있었을 때, 남편이 첩을 집에 데려온 다음부터 본처를 자꾸 밖으로만 내몰았다면 본처의 기분이 어떨까요? 딱 그 심정을 큰아이가 느끼게 되는 것입니다."

한시도 가만히 있지 못하는 에너자이저 큰아들을 둘째가 태어났다는 이유로 계속하여 혼내고 뛰지 못하게 저지할 수는 없는 노릇이었다. 당시 큰아이는 유치원을 다니지 않았기에 두 아이를 모두 집에서 돌보기 위해 1층으로 이사를 했다. 아이가 둘이 되자 큰아이가 원할 때마다 놀이터나 야외로 나가줄 수가 없어 항상 마음에 걸렸기 때문이다. 다행히 단독주택만큼은 아니지만 그래도 움직이는 것을 좋아하는 아이가 자유롭고 만족할 만한 신체 활동을 하기에 충분한 공간이었다. 큰아이는 집에서 인라인 스케이트부터 스케이트보드까지 각

종 체육활동을 섭렵했으니 집은 곧 체육관이자 놀이터였다. 또한 집 앞 아파트 수목을 매일 찾아오는 길고양이와도 상당히 친해지는 정겨운 경험도 하게 되었다.

교육열이 높은 우리나라에서는 아이를 다양한 자극에 노출시켜 머리를 좋게 만드는 일이 백일을 전후하여 시작된다. 대한민국에 사는 엄마로서 당연히 고민해야만 하는 숙제라고 여기지만 엄마라면 아이의 존재 자체를 중심에 두어야 할 것이다. 교육 문제에 있어서도 넘침은 반드시 부족함만 못하다는 과유불급의 자세를 고수해야 한다. 외부적 자극으로 아이의 두뇌를 계발하는 과정에서도 반드시 한계점을 지킴으로써 아이들을 스트레스와 정서적 상처로부터 보호해야 한다. 초등 입학 전후의 연령인 7~11세 사이의 아이들에게 틱 증상이 가장 많이 발생하는 상황도 이것과 일맥상통한다고 생각된다.

자유로운 영혼인 큰아이는 6세 가을이 되어서부터 유치원에 다닐 수 있었다. 그전에도 유치원을 시도해 보았지만 아이가 원하지 않아 바로 그만두게 되었다. 스스로 친구와 놀고 싶어서 유치원에 보내달라고 요구한 나이가 우리 아이의 경우엔 그 나이였다. 둘째의 경우에는 마음이 더 느긋해졌다. 아이의 사회성 함량을 이유로 유치원이나 어린이집에 반드시 보내지 않아도 된다는 것을 첫째를 통해 배웠기 때문이다. 두 아이를 모두 데리고 있느라 엄마로서 육체적 정신적으로 힘은 들었지만, 지나서 생각해보니 수고로움에 비해 얻은 것이 더 많았던 시기였다. 둘째가 태어나면서 오히려 큰아이에 대해 더욱 많이 알게 되었다. 불안이 있었던 큰아이의 마음을 만날 수 있었고, 아이의 그러한 마음을 다독이는 과정에서 그의 눈부신 성장을 목도했다. 특별한 일이 없는 한 우리의 모든 일상은 집에서 이루어졌다. 아이들과 나는 단순하고 반복적이지만 편안한 일상으로 하루를 채워나갔다. 다만 매일같이 느낄 수 있는 새롭고 신선한 자극은 책이었다. 둘째를 재우고 나면 큰아이는 기쁜 마음으로 나와의 시간을 시작한다. 낮에 신나게 뛰고 뒹굴었기에 밤이 되면 차분히 엄마의 목소리를 듣는 친밀한 시간에 빠져든다. 매일 밤마다 엄마와 자신만의 긴밀한 시간이 충분하다는 것을 알기에 낮에는 자유롭게 자신의 욕구에 따라 뛰고 뒹굴고 에너지를 발산한다.

운동을 좋아하는 큰아들의 취향 덕분에 여러 가지 스포츠를 접하게 되었는데 그중에는 빙상 운동인 스케이트도 있었다. 일주일에 세 번씩 스케이트를 배우러 가는데 같은 선생님께 수업을 받는 J란 3학년 학생이 유독 눈에 띄었다. J는 또래에 비해 굉장히 주장도 뚜렷하고 무엇보다 당당했다. 내심 J의 부모가 어떤 사람인지 궁금해진 것도 그때부터였다. 그리고 얼마 전 J의 엄마를 개인적으로 만날 수 있었다.

J의 어머니는 50대 중반의 초등학교 선생님이셨다. 선한 미소가 얼굴에 그대로 나타나는 J의 어머니는 마치 연인에게 속삭이듯 상냥한 목소리로 아들과 이야기하고 있었다. 초지일관 존댓말로 아들뿐만 아니라 다른 아이들을 대접하는 그분의 모습을 보자니, 내가 감탄했던 J의 성숙한 태도들이 어디에서 비롯되었는지 퍼즐이 맞춰지듯 이해가 되었다.

"착한 아이는 자신의 감정에 접속할 수 없습니다. 감정은 자신을 보호하고 살아있다는 것을 느끼게 해주는 에너지입니다. 감정은 판단과 선택을 할 수 있는 힘을 주기도 합니다." 『착한 아이로 키우지 마라』의 추천 글 중 최희수 씨의 말이다. 이 글에서 말하는 '착한 아이'란 사랑하는 부모님의 기대를 충족시켜 자랑스러운 아들딸이 되기 위해, 기꺼이 자신의 욕구를 죽이고 그 소중함을 뒤로 미룬 채, 자신을 잃어버린 채 들러리로 살아가는 우리 모두를 칭한다. 내가 감탄했던 J는 분명 '착한 아이'는 아니었다. 자신을 온전히 비쳐주는 현명한 어머니와 함께 행복하게 자신의 삶을 살아가는, 몸집은 작지만 단단한 하나의 존재였다.

자식의 욕구와 부모의 바람이 항상 같을 수는 없다. 아니 탯줄을 끊는 그 순간부터 부모와 자식이 같은 곳을 쳐다보는 일은 절대 없을 것이다. 그러한 기대는 요단강 아래로 흘려보내야 한다. 자식과 나는 유전자만 엇비슷할 뿐 완벽하게 다른, 서로에게 머나먼 별과도 같다. 아이를 '독립된 감정을 지닌 하나의 존재' 자체로 사랑하고 받아들이기 위해서는 그 '사랑'을 주는 주체인 엄마 자신부터 독립적인 하나의 개체가 되어야 한다. 이는 너무나도 당연한 일이다. 인간은 자신이 아는 만큼만 느낄 수 있고, 자신이 느끼고 경험한 것을 타인에게 나누어 주는 존재다. 그러니 스스로 존재해보지 못한 엄마는 받아본 적 없는

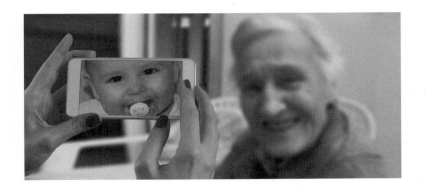

그 사랑을 아이에게 전해줄 수 없다. 자신의 사랑이라고 생각하는 익숙한 모습들을 자식에게 전해줄 뿐이다. 너와 나의 다름을 인정하면서 상대의 모습 그대로를 받아들이는 것이 진정한 사랑의 시작이 아닐까.

모든 부모는 자녀와 평생토록 돈독한 인연의 끈을 이어가려 한다. 하지만 이런 사랑의 관계를 유지하기 위해서라도 오늘부터 자녀를 자식으로 대해서는 안 될 것이다. 그들은 어떤 의미에서 어른보다 인간 본연의 모습에 더 가까운 철학자들이다. 방해받지만 않는다면 시기적절하게 고사리 같은 그들의 손과 발로 필요한 것들을 차근차근 실행해 나가는 능력자들이다. 부모는 나이가 많다는 허무맹랑한 이유만으로 마땅히 아이의 권리인 그들 인생의 주요한 결정들을 침범하곤 한다. 물질적인 풍요를 제공하는 능력으로 부모의 권위를 내세우며 어른들의 틀 안에 아이를 가두어 키우는 우를 범하기도 한다. 그러니 더 이상의 실수를 하지 않기 위해 오늘부터 모든 계급장은 떼어두자. 너의 엄마 혹은 아빠라는 생각도 잠시 잊어버리자. 아이는 우리에게 인생의 목적을 배우게 하는 두 번째 인생 학교로의 길을 이끌어주는 감동스러운 동행인일 뿐이다.

나는 이미
기적과 같은 존재다

엄주하

화가가 꿈이었던 그녀는. 자유로운 영혼의 삶을 뒤로 한 채, 좋아하는 것을 선택하기보다 남들이 가는 안정적인 길을 선택하였고, 그 결과 원하지 않던 삶에서 수없이 방황했다. 그러다 만난, 여행이라는 통로를 통해. 매일 반복되는 답답한 일상에서 벗어나 또 다른 세상을 만나게 된다. 그 길에서 만났던 다양한 경험과 유쾌한 사람들을 통해서 '나답게 사는 법'을 배운 그녀는, 그토록 찾던 꿈은 항상 자신 옆에 있었다는 것을 알게 되었다. 엄마로서 맛있는 밥을 만들어서 먹이고, 학교의 아이들과 함께 수업을 만들어 가고, 교사로서 아이들에게 유익한 교육자료를 만들고 있는 지금도, 그리고 과거에도 '화가'로서 살고 있음을 알게 된다.

현재 초등학교 보건교사로 간호학과, 상담 심리대학원을 졸업하고 병원을 거쳐 학교에서 23년간 건강 케어와 처치, 교육, 상담활동을 하고 있다. EIS응급처치 전문가, 전염병 예방 전문가 등 꾸준한 연수를 통해 전문적인 자질을 키우고 있다. 마음이 아픈 아이들에게 따뜻한 격려와 위로가 제1의 약이라고 말하는 저자는, 아이들이 스스로 자존감을 세울 수 있는 자존감 교육 및 웃음치료 상담교육활동을 펼치고 있다. 십여 년간의 생생한 경험으로 만들어낸 그녀만의 교육자료 콘텐츠는 '전국교육자료전'에서 5회나 수상할 정도로 인정받았으며, 이를 토대로 보건 교과서 집필, 경기교사학습연구원 선정되었고, 여성가족부, 교육부에서 주관하는 연구 집필에도 참여하는 등 교육 전문가로 널리 활동하고 있다.

---

* 이메일: ymy0103@korea.com

01

꿈을 이야기하는 아지트, 엄마의 화실

내가 "그림자처럼 존재감이 하나도 없는 아이였어."라고 이야기하자 친구는 "네가?" 하며 어이없는 반응을 보인다. 초등학교 5학년 때까지의 내 성적표에는 '조용하고 내성적이다.'라는 꼬리표가 붙어 있었다. 학교에서는 물론 집에서도 색채가 없는 아이였다. 그래서일까? 초등학교 5학년 때까지 내가 어떻게 살았는지 기억나는 추억이 도무지 없다. 아마 무의식 속에서도 기억하고 싶지 않았던 걸까?

그나마 내가 좋아했던 것은 4B 연필이었다. 흑심이 진하게 박혀 있는 4B 연필은 나의 손길에 따라 진한 선이 되어 큰 강물이 되기도 했고, 가느다란 선이 되어 바람이 되기도 했다. 꽃밭 가득한 정원이나 우수에 가득 찬 소녀의 얼굴이 되기도 했다. 그 흔적의 자취는 현실이 되기도 했고 때론 꿈이 되기도 했다. 시간이 어떻게 지나가는지도 모르게 끄적이며 하루를 보내곤 했다. 어른이 되어서도 그 버릇이 남아서 조금이라도 틈이 나면 연필이나 볼펜을 가만히 두지 못한다.

점차 커가면서 또렷해지는 또 하나의 추억은 문방구다. 입술과 혀가 빨갛게 물드는 오색 사탕에 시각을 희롱 당하며 기뻐했고, 주황색 색소가 물든 쫀드기가 연탄불 위에 구워지는 향기와 내가 아는 그 맛을 상상하며 기다리는 시간은 늘 황홀했다. 문방구에 파는 수많은 물건 중에서도 나의 발길을 멈추게 하는 것은 두꺼운 종이 위에 인형과 옷들이 잔뜩 프린트되어 있는 종이인형이었다. 종이인형들은 언제 어디서든 나의 친구가 되어 주었다. 그리고 친구들과 인형을 갖고 놀다가 종이인형이 찢어지고 헤지면 닮은 인형들을 그리기 시작했다. 얼굴의 반이나 되는 커다란 눈, 오똑한 코, 조그마한 입을 가진 만화 속 여주인공을 내 손으로 탄생시켰다. 게다가 그녀들에게 맞는 파티복, 수영복, 원피스, 왕관, 구두, 액세서리 등을 함께 만들었다.

내가 만든 종이인형이 제법 맘에 들었는지 친구들이 내 주위로 몰려들었고 그런 친구들에게 산타라도 된 듯 종이인형을 선물로 나눠주었다. 내 손을 통해 친구들이 원하는 인형과 옷을 그려주기 시작하면서 자신감이 생겼다. 나는 놀이 속에서 멋진 헤어스타일에 예쁜 옷을 입고, 어느 때는 사랑받는 공주가 되어보기도 했다. 때론 따뜻한 엄마로, 일을 멋지게 하는 전문직 여성으로 역할놀이를 하면서 세상을 꿈꾸었다. 이렇게 그림을 그리고 세상을 만들어가면서 뭔가를 만들어내는 일이 나의 재능이라고 생각했다. 그러나 그 꿈은 현실의 벽 앞에서 수면 속으로 가라앉았다. '내가 과연 할 수 있을까? 나에게 재능이 있을까? 하고 싶어도 도와줄 사람이 없는데…' 이런 막연한 두려움이 그저 취직 잘되고 안정적이고 남들이 원하는 보다 쉬운 길로 가게 만들었다.

내가 하고 싶은 것을 하지 못했다는 허전함은 영화를 보거나 길을

197 꿈을 이야기하는 아저트, 엄마의 화실

가거나 미술관에 가서도 혹은 낯선 곳으로 여행을 가도 여전히 색채를 바라보고 있는 나를 보면서 발견할 수 있었다. 직장일과 육아, 며느리, 딸로서의 역할, 사회가 나에게 보이지 않는 희생을 요구하는 분위기에 지치고 힘들 때마다 그림 앞에 섰다. 이럴 때 그림 앞에 서면 오롯이 진정한 나로 사는 느낌이 들었기 때문이다. 그 앞에 서면 회색빛이던 나 자신이 다시 화려한 색채를 입은 듯 되살아났고 에너지를 얻을 수 있었다. 그림에서 위로를 받고, 희망을 보고, 열정이 일기도 했다.

내가 좋아하는 화가는 반 고흐와 로렌스 알마 타데마인데, 특히 고흐의 그림 중에서 '노란 집, 별이 빛나는 밤, 자화상, 해바라기'를 좋아한다. 흔들거리지만 그 안에서 희망을 볼 수 있기 때문이다. 그림에 대한 재능 숭배와 언젠가는 내게도 재능이 주어질 거라는 기다림은 마치 자이가르닉 현상(마치지 못하거나 완성하지 못한 일을 쉽게 마음속에서 지우지 못하는 현상)처럼 내 마음속에 남아있었다. 힘들 때 위로가 되어 주었던 네덜란드 화가, 로렌스 알마 타데마의 '기대'라는 작품도 좋아한다. 한 여자가 푸른 하늘과 아름다운 꽃, 시리도록 파란 바닷물을 보면서 머릿속의 혼돈을 잠재우고 평온함을 느끼는 것 같은 풍경의 그림이다. 나 역시 그림 속 그녀가 되어 잠시 희망을 얻고 미래를 기대할 수 있는 힘을 얻는다. 미술관에 가서 이렇듯 그림과 내가 단둘이 마주 서면 위로, 경외, 겸손, 희망이 내 안의 약한 부분을 치유하고 더 나아가 즐거움을 얻는다. 미술관에서뿐만 아니라 일상생활 속에서도 그림을 만난다. 어디를 가든 내 시선은 색깔과 구도에 맞춰진다. 거리를 걷다가도 건물의 디자인을 그냥 지나치지 않고, 봄이 되면 연둣빛, 진초록의 빛깔에 감탄하면서 자연이 빚어낸 그대로의 색채에 빠져들곤 한다.

우연히 쇼핑을 하다 '육심원'이라는 가방을 보게 되었다. "상품명이 뭐 이래?" 하면서도 밝고 경쾌하게 나를 보고 유쾌한 미소를 지으며 방긋 웃어주는 가방 속 그녀에게 끌렸다. 이내 나는 매장 안에 들어가 다양하게 그려진 상품들을 보았다. 여성들은 서로 다른 외모만큼 자신들을 꾸미고 있는 모습도 제각각이었다. 장난기가 가득한 눈매로 당당하게 정면을 바라보며 미소 짓는 그녀들이 무척 행복해 보였다. 이 작품을 만든 화가 육심원 씨는 처음부터 제품이나 물건에 들어가는 일러스트 그림을 전문적으로 그리는 작가가 아닌 자신만의 색감과 스타일을 추구하는 동양화가였다. 꾸준히 그리던 중 그 그림이 갤러리들 사이에서 유명세를 타게 되었고, TV와 영화, 광고까지 출연하게 되었다. 그러다 일반인들 사이에서도 인지도와 인기를 얻어 그녀의 캐릭터 상품들이 시중에 판매된 것이다. 그녀는 자기만의 독창적인 스타일로 꾸준히 그림을 그렸고, 동양화가지만 자신의 그림을 흔한 동양화 그림 방식에만 국한시키지 않았으며 획일화된 전형을 따르지 않았다. 각자의 개성과 성격에 맞게 자기 자신을 적극적으로 표현하고 있는 당당한 우리 모두가 아름답고 의미 있음을 보여주는 그림들이었기에 더욱 사랑받은 것 같다.

누가 알아주지 않아도 자신을 믿고 자신만의 스타일로 성공한 그녀가 부러웠다. '그림을 그리고 싶다.'고 생각했지만 나 자신을 의심하고 부정한, 내 안에 행동하지 못했던 꿈에 대한 상처가 다시 따끔거렸다. 내 자신의 소리보다는 주변 사람들의 이야기에 귀 기울였던 것이다. 그땐 내 꿈을 지켜낼 힘이 없었다. 그러나 이제는 안다. 주변에 자신의 꿈에 다다른 사람들이 있으면 나도 그렇게 될 수 있다는 것을. 레오나르도 다빈치가 하늘을 나는 꿈을 품지 않았다면 라이트 형제의 비행기는 없었을 것이다. 비행기가 없었다면 닐 암스트롱은 달에 착륙하지 못했을 것이다. 암스트롱이 달을 밟는 장면을 본 수많은 사람들은 지금도 누군가의 꿈이 되기 위해 연구를 거듭하고 있다. 꿈의 힘은 이렇게 전염성이 강하고 파급효과가 크다. 아마 꿈의 크기가 현재 우리의 위치를 만들었을 것이다. 생각의 변화가 필요했다. 꿈의 크기는 자신을 믿는 만큼 커진다는 것을 알았기에 그 믿음을 갖고 어떤 것이라도 시도했다. 꿈을 이룬 사람들은 과감하게 시도하고 부딪쳐 가면서 실패의 원인을 자신의 내부에서 찾아내며 불확실한 미래를 이겨내고 상황을 견디는 사람이라는 것을 알았기 때문이다.

알렉산더 고데는 "아름다운 추억은 매우 귀중하지만 불미스러운 추억은 백해무익하다. 우리 마음속에 있는 불미스러운 추억은 사무실에 방치되어 있는 쓰레기와 같다."고 말했다. 그래서 나는 상처보다는 아름다운 추억을 꺼내라고 이야기하고 싶다.

'나에게 꿈이 있었나?' 떠올려보면, 보통 주변으로부터 강요된 꿈을 이루기 위해 했던 즐겁지 않은 경험이 더 많을 것이다. 스스로 진정 원하는 꿈을 찾기 위해서는 먼저 조용하고 안락했던 자기만의 아지트를 찾아야 한다. 나에게 있어서 그런 아지트는 바로 어릴 적 문방구와 내가 그림을 그릴 수 있는 공간이었다. 복잡한 마음 안에도 공간이 필요하듯 현실 속에서도 스스로에게 집중할 수 있는 자신만의 공간이 필요하다. 그 아지트는 관심 있어 하는 책이 꽂혀 있는 식탁 모퉁이일 수도 있고, 서재일 수도 있으며, 나처럼 화실이 될 수도 있다. 그리고 가장 맛있는 커피 한 잔을 준비하고 소파에 깊숙이 앉아 보라. 어린 소녀 시절로 돌아가서 즐거웠던 일 또는 자부심을 느꼈던 일들을 떠올려 보라. 내가 좋아했던 수다들은 어떤 것이었는지, 연극, 합

창단, 스포츠 또는 다른 활동에 참여한 적이 있었는지, 평상시 어떤 활동을 할 때 즐거워했는지, 집 주위에서 가장 좋아했던 장소나 물건이 있었는지 생각해 보자. 더불어 어른이 되고 나서 해왔던 다양한 일에 관해서도 생각해야 한다. 즐거워했거나 자부심을 느꼈던 활동들을 목록으로 만들어 보자. 그것도 어려우면 하루 생활 중에서 어떤 일할 때 가장 즐거운지 적어보는 것이다. 철학자 니체는 "왜 가야 하는지 아는 사람은 어떻게 가든지 견딜 수 있다. 사람들이 자기의 길을 왜 가야 하는지를 알아보아야 한다."고 말했다. 나는 이러한 방법을 통해 내가 진짜로 하고 싶었던 일을 찾았다.

꿈은 과거형이라고 생각했었다. 그러나 꿈은 현재형이며 꿈은 언제나 유효하다. 오늘도 나의 아지트에서 혼자만의 시간을 갖는다. 살면서 나만의 시간, 공간은 나를 위한 선물이라 생각했고 혼자서 나를 들여다보는 시간이 되기도 했다.

꿈을 포기한다고 해서 포기가 될까? 절대 포기하기 어려울 것이다. 다만 마음속 깊이 남아 그 꿈은 꿈에서도 살아 있다. 바빠서, 힘들어서, 시간이 없어서, 쓸 돈이 없어서 취미는 사치라고 게으름을 합리화하지 말자. 엄마, 아빠가 꿈을 포기하는 순간 우리의 자녀들 역시 꿈을 꿀 수 없기 때문이다.

내가 그린 그림이 어느 미술관에 걸릴 그날을 상상하며 매일 하루 10분이라도 이젤 앞에 앉는다. '언젠가는'이라는 말은 안 하겠다는 뜻이다. 지금 바로 시작해야 한다. 영화 쿵푸팬더에는 "어제는 지나가 버린 과거, 내일은 알 수 없는 미스터리, 오늘은 선물. 그래서 우리는 현재를 'Present'라고 부른다."라는 대사가 나온다. 모든 사람들에게 이 순간은 선물이며 모두가 자신 앞에 놓인 선물 상자를 즐거운 마음으로 풀어 볼 수 있기를 바란다.

02

밀회를 꿈꾸는 당신

"네가 한 말이 생각나더라. 어깨가 빠지도록 연습하면서 라흐마니노프를 파가니니를 끝까지 즐겨주는 거, 최고로 사랑해주는 거."

병원에서 나이트 근무로 밤을 새워 일하며 아픈 환자를 돌보는 게 힘들었다. 그 자리보다 조금 덜 내 몸을 혹사시키는 자리가 아이를 치료해주는 일을 하는 곳이었다. 사실 적성에 딱 들어맞지는 않지만 안정적이라는 공무원을 선택하게 되었다. 잘못 꿰어진 첫 단추는 병원에서 학교로 바뀌었지만 여전히 만족스럽지 못했다. 출근해서 퇴근할 때까지 언제 터질지 모르는 응급 상황에 대비하여 소방서의 119 구조대원처럼 초등학교 보건실 자리를 지키는 게 나의 일이었다. 점심 식사 후에 우아하게 커피 한잔 들고 공원을 산책하거나 브레이크 타임을 갖기는커녕 화장실이라도 잠시 다녀오면 아이들은 "선생님, 어디가셨었어요?" 하며 당연히 있어야 할 사람이 없다는 듯 꼼짝없이 나를 묶어 두는 것이 너무나 답답했다. 만약 사고가 났는데 내가 그 자리에 없으면 온전히 내 책임이기 때문에 부담스러웠다. 교대 출신과 비교대 출신은 업무 성격도 다르고 소속감도 없어 일터에 정이 드는 것도 쉽지 않았다.

세상에 대해 아직도 궁금하고 자유로움과 호기심이 가득한 나는 도대체 '내가 뭐 때문에 이 짓을 하는 거지?'라는 질문에 맞닥뜨렸다. '이 일을 하면 나는 무엇을 얻을 수 있는 거지?' 고민했지만 나의 일인데도 불구하고 나조차 상황을 바꿀 수 있는 용기나 자신이 없었다. 주변에서는 "배부른 소리 하고 있다."며 모두 만류할 뿐이었다. 이 직업은 나의 계륵이었다. 먹자니 너무 맛이 없었고 버리자니 공부한 시간이 아까웠다. 공무원이라는 신분의 안정성과 그나마 1년에 두 번 주어지는 방학은 숨통을 터주는 환기구였다. 그렇지만 직업에 대해서는 여전히 허기가 졌다.

한참 고민하고 있을 때 서점에서 발견한 책은 이나모리 가즈오의 『왜 일하는가』였다. "문제는 많은 사람이 '내가 좋아하지도 않는 일'을 하고 있다며 스스로를 비하하고 불만스러워한다는 점이다. 주어진 일에 불평불만을 갖고 원망만 한다면, 그 일을 마주하는 것 자체에 짜증이 날뿐 아니라 그 일을 해야 하는 자신이 너무나 초라하게 여겨진다. 그럴수록 자신을 더 무능력한 사람으로 몰아세운다. 왜 자신의 능력이 얼마나 위대한지 시험해보지도 않은 채 달아나려고만 하는가? 좋아하지 않는 일은 처음에는 낯설고 서툴다. 시행착오도 있을 것이다. 겁이 나기도 할 것이다. 그 일이 너무 힘들고 따분해 보이기도 할 것이다. 사소한 일을 해도 불만만 앞서고, 한순간이라도 빨리 그 일에서 손을 떼고 싶을 것이다. 그러나 그 일을 좋아하고 사랑한다면 그 일을

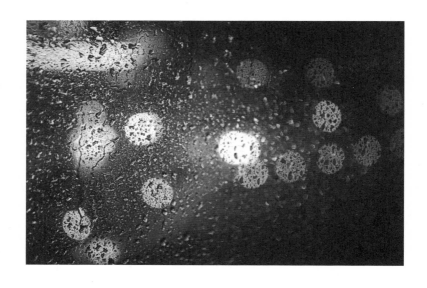

하고 있는 것만으로 행복하고, 그 일과 마주하는 것만으로도 힘이 불끈 솟는다. 그 일을 좋아하고 사랑할수록 전에는 보지 못한 무궁무진한 가능성을 그 일에서 찾아낼 수 있다."

　어느 구절 하나 버릴 것 없이 나의 마음을 들여다본 듯한 이 글에 알 수 없는 안도감이 들었다. "반복되는 현실 속에서 무기력감이 솟아오를 때 간절함과 열정이라는 상쾌한 에너지를 반드시 불러와야 했다. 어차피 관두지 못할 바에는 나의 영역에서 무언가에 미칠 수 있는, 집중할 수 있는 일이 필요했다. 하고 싶은 일, 잘하는 일도 좋지만 지금 현재할 수 있는 일을 사랑하는 게 중요하다고 생각했다. 자신이 좋아하는 일을 할 수 없는 상황이면, 지금 하고 있는 일에서 가치를 찾아라."

　내 마음을 읽은 것도 모자라 내가 실천할 수 있는 해결책까지 친절하게 말해주고 있었다. 내가 하고 있는 일에서 미칠 수 있고 집중할 수 있는 일을 찾아 나의 가치를 찾을 수 있는 한줄기 방향을 보여 주었다. 현재 내 앞에 놓여 있는 상황에서 지금 할 수 있는 일을 피하지 않고 불평하지 않고 열심히 하다 보면 좋아하는 일로 바꾸며 살 수 있겠다는 생각을 하게 되었다.

처음으로 지금 내가 할 수 있는 일에 가치와 의미를 두기 시작했다. 일에 가치를 두기 시작하면서 관점의 변화, 즉 세상을 보는 프레임이 바뀌었다. 내가 나를 바라보는 관점, 사람들이 나를 바라보는 관점까지 많은 변화가 일어났다. 예전에는 단순히 아프다고 징징대는 아이들에게 약을 주거나 필요한 조치를 해주는 데 그쳤다면, 관점이 바뀌면서 부모나 친구들에게 사랑을 받지 못하는 아이들, 도움을 필요로 하는 아이들일 수 있다는 관점을 갖게 되었다. 아이들이 아픈 것은 몸이 아픈 것뿐만 아니라 마음이 아파서 외적인 증상으로 나타나는 경우도 있다. 꾀병과는 다른 진짜 몸에서 느껴지는 통증의 '신체화 증상'에 대해서 공부하며 아이들의 마음을 위로하고 공감하기 위해 전문적으로 다가갔다. 수업에서도 그 변화는 서서히 나타났다.

떠들거나 장난치는 아이들은 수업에 방해되는 나쁜 학생으로 어떠한 처벌을 해야 한다고 생각했던 과거와는 달리 이 아이들은 사랑과 관심을 받고 싶어 하는 자기만의 표현이라는 것을 알게 되었다. 처음 방해가 될 때는 엄지와 검지를 크로스해서 하트를 만들어 사랑의 눈빛을 보냈고, 그래도 계속 다른 친구에게 피해를 주면 '안아주기', 세 번째는 '볼 뽀뽀하기'로 규칙을 정했다. 아이들은 자신을 이해하고 따뜻하게 대해준다는 나의 마음을 알기에 물론 세 번째까지 가는 친구들은 없었다. 아픈 아이들에게는 내가 에너지를 주지만 때론 수업하는 아이들로부터 밝은 에너지를 받기도 한다. 아이들이 힘들어하는 것은 무엇이고 내가 아이들에게 어떤 도움이 될까 생각하다 보니 나의 행동은 좀 더 너그럽게 따뜻하게 변화하고 있었다. 그전에는 아이들을 돌보고 교육하는 것이 스트레스였는데, 지금은 즐거운 일이 되었다. 같은 일을 하면서도 어떤 관점을 갖느냐에 따라 그 일이 스트레스가 될 수도, 즐거움이 될 수도 있다는 것을 알게 되었다.

아이를 돌보는 것이 가치 있는 일이라면 수업은 재미를 찾을 수 있게 해주었다. 아이들에게 밖에서 안으로 집어 넣어주는 수업이 아닌 아이들의 잠재력을 안에서 밖으로 꺼내줄 수 있는 재미있고 흥미 있는 수업을 하고 싶었다. 아이들이 직접 체험해 볼 수 있는 교육 자료를 만드는 일은 화가가 되고 싶었던 나의 욕구를 채울 재미난 놀이가 되었다. 아이들이 집중할 수 있는 최대 시간인 '15분' 단위에 맞춰 교육내용에 따른 적절한 경험 사례와 아이들이 참여할 수 있는 여러 프로그램을 만들었다. 기자가 되어 발표하기, 역할극, 조별 마인드맵 만들기, UCC 만들어 유튜브에 올리기 등 다양한 수업 자료와 수업 적용은 아이들이 무척이나 재미있어 했고 나도 신나게 수업을 할 수 있었다.

보다 더 재미난 수업 자료를 지속적으로 만들기 위해 목표를 갖기로 했는데 바로 교육자료전대회에 출전하는 것이었다. 컴퓨터 프로그램도 모르는 내가 처음 나모웹에디터 컴퓨터 서적을 구입해 설치하고, 어떻게 연결되는지 몰라 여러 번 실패를 반복했지만 계속 하다 보니 자료가 올라갈 수 있는 홈페이지가 완성되었다. 인형도 솜과 천을 이용하여 뚝딱 만들거나 철사를 이용한 인형, 게임 도구 등을 만들고 작품 설명서를 작성하여 출품하게 되었다. 처음 했던 작업이 생각지도 못한 1등급에 올랐다. 한 번의 성공은 자신감이 되었고 그 후로 새로운 컴퓨터 프로그램이 나올 때마다 플래시 애니메이션 캐릭터에 숨을 불어 넣었고, 포토샵을 이용하여 움직이는 동화를 만들었고, 따뜻한 느낌의 일러스트 캐릭터를 만들었다. 교육 자료를 만들면서 무언

가를 창작한다는 재미에 푹 빠져 몰입하는 나를 발견할 수 있었다.

나는 계속해서 내가 좋아하는 방향으로 나아갔다. 그렇게 가치를 두고 가다 보니 그 속에서 내가 재미있게 할 수 있는 일이 생겼고, 하다 보니 그 일에서 성취감이 생기고 그 분야에서 전문가가 되어 가고 있었다. 내가 가려고 했던 길에서 '이 길이 아니다.'라고 결단을 내릴 용기가 없었고 안락함을 포기하고 다른 길을 갈 용기도 없었기에 그 안에서 내가 하는 일에서 가치를 찾아 재미있는 일을 하게 되었다. 그 길을 가다 보니 〈EBS 다큐프라임 성폭력 예방 프로젝트〉에서 아이들을 교육한 사례가 방송되었고 강의 의뢰로 이어졌다. 다른 사람 앞에서 나의 경험과 스토리를 이야기하는 것도 꽤나 재미있는 일이었다.

　과연 내게 재능이 있는지 의심하기도 하고, 힘들어 좌절하거나 포기하고 싶을 때도 있었다. 때론 슬럼프로 깊은 우울감이 오기도 했지만 그럴 때마다 스스로를 다독였다. "괜찮아. 처음부터 완벽할 필요 없어. 어제의 너보다 오늘 정말 많이 나아졌잖아!"라며 나를 응원했다. 나와 대화하는 것은 이렇게 스스로 용기를 얻고, 위로를 받을 수 있는 일이었다. 내가 진행한 교육이나 강의에 대해 주변의 좋은 평가가 이루어졌을 때는 힘이 솟았고, 다른 이들에게 내가 가진 것을 나눠 주어야겠다는 사명감이 일었다. 그 나눔은 교사연구년 때 북유럽 학교에서 공부한 선진국의 교육과정이나 수업모형에 대해 배운 것을 함께 운영하고 있는 실천보건교육연구회를 통해 내가 가진 것들을 나누면서 실천할 수 있었다.

　그러나 여전히 내 삶에 가치와 의미를 두고 열정적으로 살고 있음에도 나의 가슴 한편에는 이루지 못한 아쉬움이 남아 있다. 그림에 대한 열망이었다. 미술대학에 가서 체계적으로 배우고 싶었지만 직장생활을 하면서 다닐 수 있는 야간대학은 없었다. 그래서 선택한 것이 유화를 전문적으로 배울 수 있는 화실을 선택한 것이다. 48가지의 다양하고 화려한 유화 물감이 팔레트에 짜여 흘러내리는 광경은 내 안의 그림에 대한 열정을 짜내는 듯 희열이 느껴진다.

　나는 밀회를 꿈꾼다. 어깨가 빠지도록 연습하면서 라흐마니노프와 파가니니를 끝까지 즐겨주는 거, 최고로 사랑해 주는 드라마 〈밀회〉의 주인공 유아인의 열정처럼 원하는 그림을, 그리고 자유롭게 여행하면서 사는 꿈을 꾸게 된다. 화가가 된다면 아마도 내 재능에 대한 끊임없는 물음과 그에 대한 답을 내면서 나 자신을 믿고 무던히 노력하는 힘이 필요할 것이다. 수많은 불안과 좌절을 겪을지도 모른다. 하

지만 좋아한다는 이유 하나만으로도 힘든 모든 것을 이겨낼 수 있을 거라 생각한다. 난 나의 아이에게 이야기한다. 인생이 허전하고 쓸쓸 하다는 그런 느낌이 들지 않으려면 "사랑하는 일을 찾아라, 행복하게 할 수 있는 일을 찾고 잘할 수 있는 일을 해라. 원하는 일을 하라." 다음 날이 기대되고 설레는 일이 꿈이 되어야 하고, 그것이 무조건 직업이 되어야 한다고 이야기한다. 오늘도 그를 만나는 날을 꿈꾼다.

03

길을 걷다 유쾌한 씨를 만나는 방법

영화 〈버킷리스트〉는 시한부 삶을 앞둔 두 명의 남자 주인공이 죽기 전에 해보고 싶은 목록을 만들어 그것을 이루기 위해 여행을 떠나는 이야기다. 아마 영화를 모르는 사람은 있어도 '버킷리스트'라는 단어를 모르는 사람은 없을 것이다. 나의 버킷리스트 중의 하나는 세계 여행을 하는 것이다. 사는 게 너무 지겹고 재미없다고 느꼈을 때 어느 날 문득 다가온 여행은 기쁨의 시작이었기 때문이다. 영화 속 주인공은 친구에게 "이집트에서는 사람이 죽으면 사후세계로 가는 문 앞에서 듣는 두 가지 질문이 있다."고 이야기한다. 한 가지는 "삶에서 기쁨을 찾았나?"이고, 또 다른 한 가지는 "남에게도 기쁨을 주었나?"라는 질문이다.

나의 첫 해외여행은 호기심도 있었지만 두려움이 더 컸다. 독일에서 목적지를 지나 낯선 곳에 떨어지는 바람에 당장 근처에서 숙소를 찾아야 했는데 겨우 찾은 곳은 영화에서나 볼 수 있을 법한 커다란 성이었고 방도 없었다. 겨우 차를 얻어 타고 다른 민박집으로 향하는 길에는 불빛 하나 보이지 않을 정도로 무서웠다. 제대로 알아듣지도 못하는 독일어에 대충 눈치껏 타기는 했지만 어디로 가는지도 모른 채여자 4명은 "혹시 팔려가는 거 아니야?" 하며 숙소에 도착해서도 불안감에 잠을 자지 못할 정도였다.

다음 날 눈을 떠보니 라인 강이 너무나 아름답게 펼쳐져 있고 벽돌로 지은 아름다운 민박집이었다. 감자와 절인 양배추, 빵으로 조식을 맛있게 먹고 배웅해주는 주인을 보면서도 낯선 사람을 조심하라는 쓸데없는 걱정으로 불안해했다. 그 불안 때문에 여행지에서 만나는 사람들을 믿지 못했고 그만큼 즐길 수 있는 영역이 줄었다. 우리는 일어나지도 않을 일에 대해 미리 걱정하고 있었던 것이다. 사람들이 자신의 삶에서 즐거움을 찾지 못하는 것은 오로지 자신이 가진 두려움 때문이라는 것을 여행을 통해 알게 되었으며, 여행은 〈버킷리스트〉 주인공처럼 두려움에서 벗어나는 것이 즐거움을 찾는 첫 번째 시도라는 것을 알았다.

천재 물리학자 알버트 아인슈타인은 "실수를 겁내지 말고 뭐라도 해봐라. 그래야 새로운 걸 해보는 것이다."라고 말했다. 시도는 때론 성공이라는 것을 가져다주지만 실패라는 것도 보여주며 점차 몸의 근육이 붙듯이 마음에도 근육이 붙어 두려움을 없애주고 점점 사람을 자유롭게 해주는 것이 아닌가 싶다. 두려움을 달래면서 세상을 내가 조절할 수 있다는 생각은 보다 더 적극적으로 나를 자유롭게 만들었다. 이렇게 무엇을 했을 때의 성취감은 내가 성장한다는 느낌이 들었고 어제보다 오늘이 더 멋진 내가 되는 기대감에 들뜨게 해주었다.

유치환의 '행복'이라는 시에서 '사랑하는 것은 사랑을 받느니보다 행복하나니라'라는 구절을 어렸을 때는 이해할 수 없었다. '사랑 받는 것이 더 행복하지, 어째서 사랑하는 것이 더 행복할까?' 하고 생각했었다. 김랑은 『크로아티아 블루』에서 "그게 여행이니까. 날 사랑해줄 무언가를 찾아 떠나는 게 아니라, 내가 사랑하는 것을 찾아가는 것"이라며 여행은 사랑해 줄 무언가를 찾아가는 수동적인 삶에서 내가 사랑하는 것을 선택하고 집중하게 되는 능동적인 삶의 시작이라는 것을 이야기하고 있었다. 그 길에는 함께도 있지만 때론 혼자 떠나는 여행길이 되기도 했다.

나는 '제주 올레길 11코스 완주'라는 목표를 가지고 제주에 갔을 때 생각보다 긴 여정과 계속되는 바닷길에 지쳐 경로를 바꾸었다. 올레길이 아닌 낯선 길이었기에 두려움이 앞섰지만 붉은 땅, 초록 잎과 주황 당근의 색깔은 신만이 만들 수 있다는 생각이 들었다. 당근을 캐서 담는 작업을 하던 한 무리의 아주머니들은 지나가는 나를 불러 "밥 먹고 가라."며 메밀 죽과 당근을 챙겨주셨다. 그때의 음식은 세상에서 가장 맛있는 것이었고 내가 맛본 어떤 것보다 달았다.

길에서의 유쾌한 씨는 미국 여행 중에서도 만날 수 있었다. 공항에 도착하여 짐이 나오기를 기다리는데 모든 사람이 다 짐을 찾아 사라질 때까지 내 짐은 나오지 않았다. 비행기 티켓팅을 늦게 해서 짐은 그 다음날 도착한다는 것이었다. 날은 어두워지고 낯선 공항에 오빠 집 전화번호만 갖고 도착했는데 전화는 받지 않았고 짐도 없고, 갈 곳도 없이 어찌해야 할지 몰라 난감했다. 그때, 한국 유학생이 숙소를 제공해 주겠다며 도움을 주었다. 일본 뱃부의 거리에서도, 크로아티아에서 길을 물었을 때 자신이 가던 길을 멈추고 나의 목적지까지 데려다 준 사람 역시 어떠한 대가도 바라지 않고 나에게 도움을 주고자 했다. 항상 거리마다 사진을 찍어주려는 사람이 있었고, 먼저 웃으며 손을 내밀어 주었다. 그들은 나에게 '삶은 이렇게 살아야 하는 것'이라고 말하듯 대했다. 남의 시선이 아닌 오로지 자기의 감정에 충실한 사람들이었다. 길에서 만난 사람들에게 내가 한국인이라고 하면 싸이의 춤을 춰 보이기도 했고, 스페인의 바르셀로나 거리에서는 게스트하우스 사람들과 맥주파티를 하기도 했으며, 크로아티아의 시청 광장에서 할머니, 할아버지들의 댄스파티를 함께 즐기며 춤을 춰 보기도 하고, 아르헨티나의 탱고 수업을 받으며 머리에 꽃을 달고 춤을 추기도 했다. 체 게바라 사진이 잔뜩 걸린 세부의 한 카페에서는 무해한 물담배를 해보기도 했다. 스웨덴의 크루즈에서, 브라질에서 어디서든 그들은 자신의 삶을 즐기는 모습이었다.

스페인의 순례길을 걸었던 한 여인의 책에서 이런 구절을 발견했다. 그녀 역시 나와 같은 경험을 했고 자기에게 베풀어진 호의를 꼭 갚겠다며 상대에게 주소를 적어 달라고 했더니 도움을 준 사람이 이렇게 말했다며 회상했다. "나에게서 받은 그 베풂을 다른 사람에게 베풀면 된다." 나도 여행을 하면서 내가 받은 도움을 다른 사람에게 돌려줘야겠다는 마음이 생겼다. 주변에 불편한 것이 없나, 내가 도움이 될 수 있는 것이 없나 생각해 보고 실천했다. 여행 중에 부부가 사진을 찍을 때면 내가 먼저 사진을 찍어 주겠다고 다가갔고, 내가 도움을 줄 수 있는 것은 언제든지 나누려고 했다. 그러면서 '이렇게 만들어진 마음은 사랑이 되어 돌고 도는구나' 하고 생각했다.

나는 여행 중에 수많은 유쾌한 씨를 만났다. 그분들은 삶을 어떻게 살아가야 하는지 행동으로 보여주었다. 가진 것에 만족하고 사람들에게 베풀며 자신이 원하는 것을 하면서 유쾌하게 살아가는 삶을 보여주었다. 온몸에 문신을 한 경찰관, 가슴을 옥죄는 브래지어 없이 다니는 여자들, 벌거벗고 공원 잔디에 누워서 햇살을 즐기는 사람들,

교회와 힌두교 성당이 함께 공존하는 모습 등을 보면서 그동안 내가 갖고 있던 생각이 얼마나 틀고정관념의 틀에 갇혀 있었는지 알게 되었다. 밖에서 주어지는 정보에 의해 판단하고 그 가치를 진실이라 믿으며 고집해왔던 경험들이 이제는 다른 사람들에게 관대해질 수 있는 또 다른 가치로 나에게 다가왔다. 내 관점을 강요하지 않고 관계 중심적인 우리나라의 문화에서 요구되었던 삶의 틀에서 벗어나자 삶은 더욱 유쾌해졌다. 나의 욕구를 알고 그것에 집중할 수 있었기 때문이다.

알랭드 보통의 『여행의 기술』에서는 유명했던 예술가 10명의 발자취를 따라 진정한 여행을 하는 법에 대해 이야기하는데, 여행이라고 하면 짐을 싸서 무언가를 타고 멀리 떠나가는 것이라고만 생각했다. 어느 날 다른 나라의 도시는 구석구석 걸어 다니면서 정작 내가 살고 있는 동네는 다 알고 있다는 듯 지나쳐왔다는 걸 느꼈다. 구석구석 찾아 보면 내 발길이 닿지 않은 곳이 무수히 많을 터였다. 나는 동네 주변으로 떠나기 시작했다. 차를 타고 지나가던 익숙한 풍경 속을 걸으니 세상은 또 다르게 다가왔고 그 새로움을 음미할 수 있었다. 헤르만 헤세가 "여행을 떠날 각오가 되어 있는 자만이 자기를 묶고 있는 속박에서 벗어나리라."라고 말했듯 지금이라도 당장 일어나 팔을 벌리고 TV 앞에서 뒹구는 일상적인 모습에서 벗어나 보는 것은 어떨까?

언제 어디서나 당당하고 멋지게 행복한 삶을 살고 싶다면 인생이라는 옷장에 명품 백이 아닌 여행의 경험이라는 옷들을 걸어 놓는 것이다. 형편이 되어야 여행을 가지 않겠느냐고 묻는 사람이 있다면 행복의 우선순위를 여행에 둬보라고 말하고 싶다. 여행은 일상으로부터 나에게 부여되었던 역할에서 벗어나는 자유로운 경험, 가족으로부터, 친구로부터, 일에서부터 떨어져 아무도 나를 모르는 곳으로 가보는 경험 자체가 행복한 것이다. 여행은 모든 것으로부터 벗어나 보는 즐

거움이 있다.

여행을 하면 우리가 속한 역할의 가면에서 벗어나 진정한 자신만의 시간을 가질 수 있다. 여행지에서는 어느 누구도 아닌 오로지 자신으로 살 수 있기 때문이다. 그로 인해서 삶에 대한 열정이 생기고 평범했던 일상에 당연히 주어지는 것이 아닌, 많은 사람들이 주변에서 노력해 주었기에 무엇이든 가능했다는 것을 깨닫고 낯선 곳에서 감사하는 마음을 갖게 된다. 가장 좋은 것은, 여행지야말로 즐길 수 있는 기회를 준다는 것이다. 일상생활 속에서는 절대 하지 않을 것 같은 일을 여행 중에는 마음껏 할 수 있다. 행복한 사람은 자기 자신이라는 친구와 함께 길을 떠나는 사람이다. 삶에서 기쁨과 즐거움을 찾기 위해서라면 두려움 따위는 멀리해야 한다.

삶에서의 기쁨은 재미와 의미가 함께 있어야 한다. 삐삐밴드의 '유쾌한 씨의 껌 씹는 방법'이라는 노래를 따라 오늘도 흥얼거린다. "유쾌한 씨는 유쾌하기도 하지, 세상을 보는 유쾌한 씨를 보라. 번뜩이는 눈, 유창한 말솜씨, 커다란 콧구멍. 보는 방법도 여러 가지. 앞으로 보기, 옆으로 보기 나누어서 보기……" 도움을 필요로 하는 사람과 함께 그 순간 가장 멋진 날이 되어 흥얼거린다.

이병우

저자는 자신을 '자신만의 인생을 만들기 위해 오로지 앞만 보고 달려가는 패기 있는 청년'이라고 말한다. "성장을 위해서 절대로 멈추지는 않겠다."고 말하는 그는 대학교에서 조경학을 전공하고 공병장교로 군 생활을 한 후 다양한 경험을 통해 진짜 '나'를 찾아가는 여정 중에 있다. 20대 초반, 사회초년생으로서 느껴지는 두려움, 불안함, 죄책감, 자존감 상실, 인생의 회의감 등을 절실하게 느끼고 행동력을 상실했던 저자였기에, 지금 자신의 인생은 예상치 못한 즐겁고 행복한 인생이라고 자신 있게 말한다. 현재는 그 아픔을 이해하고 깨달음을 공유하려는 마음으로 '책 쓰기 프로젝트'를 진행 중이다. 독서와 글쓰기 그리고 사람을 통해 진정한 나로서의 삶을 사는 데 도움이 되기 바라는 마음이다. 녹색문화예술포털 기자로 활동하고 있으며, 자연과 사람을 사랑하는 삶을 추구하고 있다.

————

* 이메일: lbw300@naver.com
* 인스타그램: http://instagram.com/viewlee_

01

살면서 곤충 삼천 마리 정도는 키워봐야지!

초등학교 3학년, 다소 내성적이던 나에게 이모는 곤충 사육세트를 선물해 주셨다. 그 사육세트에는 장수풍뎅이 한 쌍이 들어있었다. 정답게 젤리를 먹고 있는 풍뎅이들을 유심히 관찰하니, 그 모습이 얼마나 신기하던지 나는 금세 장수풍뎅이의 매력에 푹 빠져버렸다.

집에 있는 백과사전과 곤충사전을 모조리 뒤져 풍뎅이에 관한 정보를 파헤치기 시작했다. 그것으로도 부족해 곤충정보가 많은 인터넷 카페에 가입해 질문하고 소통하기도 했다. 당시에는 나이도 어렸고, 인터넷이 지금처럼 빠르지 않았지만, 어찌나 알고 싶었는지 지금 생각해도 그 노력이 참 가상하다. 그렇게 집요하게 공부하면서 선물 받은 한 쌍의 장수풍뎅이를 누구보다 정성껏 키워갔다.

나의 권유로 곤충을 키워본 친구들은 금방 죽이거나 흥미를 잃어버리기 일쑤였지만, 내가 키운 장수풍뎅이들은 알까지 낳으며 왕성하게 자랐다. 그렇게 키우다 보니 산란한 알들이 100마리의 애벌레로 자랐고, 번데기를 거쳐 성충까지 커가는 변태과정을 지켜볼 수 있었다. 나는 집에서 생명의 신비를 체험했다. 자그마한 플라스틱 용기에 알들을 흙과 함께 넣어두고는 잘 부화하는지 며칠 동안 들여다보기도 했다. 알에서 부화한 애벌레들을 발견하고는 기뻐서 큰 소리로 "여기 봐!" 하며 가족들을 모두 불러 모으며 즐거워했던 기억이 난다. 애벌레가 점점 커져가고 번데기가 되고 그 번데기들이 집을 지어놓고 그 안에서 성충이 되는 모습이, 작지만 신비한 나만의 세계였던 것이다.

그렇게 3년을 곤충에 푹 빠져 있다 보니 내가 키우는 곤충은 장수풍뎅이와 사슴벌레를 합쳐 삼천 마리에 이르렀다. 그 양이 무시 못 할 것이 부모님이 안방을 내주실 정도였으니 말이다. 곤충의 숫자가 많아지면서 카페에 판매하려고 게시물을 올렸다. 하나둘 연락 오기 시작했고 집에서 10분 거리에 있는 지하철역에서 판매하기 시작했다. 곤충 사육세트를 다양하게 구성해 상품화해가며 판매해나갔는데, 구매자가 만족해하는 모습을 보며 색다른 만족감을 느꼈다.

이후 인터넷 카페에서 곤충 벼룩시장을 개최하기도 했다. 직접 곤충을 가지고 나가 돗자리를 펴고 앉아 판매하기 시작했다. 누군가에게 곤충을 소개해주고, 반드시 키우는 즐거움을 주겠다는 일념이었다. 사람들이 의외로 관심을 많이 보였다. 아버지와 어린 아들이 손을 잡고 구경 왔는데, 자신 있게 사슴벌레 알들을 소개해주었다. 아버님은 의심의 눈초리로 "이거 금방 죽는 것 아니에요?"라고 하셔서 언제쯤 부화하는지, 어떻게 관리하면 되는지 잘 설명해드렸다. 오히려 그분은 알 10개를 달라고 하셨다. 그날 벌어들인 금액이 어림잡아 120만 원 이상이었다. 생전 처음 직접 판매해서 쥐어본 고액의 돈이었다. 동생과 나는 벼락부자가 된 심정으로 돈을 꽉 움켜쥐고는 지하철역

앞 떡볶이 포장마차에서 떡볶이, 순대, 튀김을 마음껏 먹었다. 그동안 부모님이 사육하는 비용을 지원해주셨는데, 판매수익이 생기면 어머니에게 고스란히 전해드리기도 했다.

초등학교에서 중학교에 거쳐 곤충을 키우고, 커뮤니티 활동을 하고, 실제로 사육, 채집, 판매하는 이러한 활동은 스무 살이 훌쩍 넘은 지금까지도 건강한 자아에 도움을 주었다. 다양한 경험은 지금에 와서야 새삼 '진짜 잘했다.'라는 마음을 절실하게 느끼고 있다. 어떤 기준을 갖고 선택한 것이 아닌 마음 가는 대로 실행한 것인데, 이제 와 다행이라는 생각이 든다. 무엇보다 돌이켜보니 남들과 다르기를 원했기에 할 수 있었던 일이다.

모든 사람이 절대 같을 수 없는데, 이 사회는 같은 정답을 놓고 맞히라고 한다. 더 큰 문제는 거부감 없이 그 정답을 맞히려고 노력하는 사람들로 넘쳐난다는 것이다.

나는 어떠한 질문에 대한 답은 없다고 믿는다. 내가 생각하는 것이 정답인데 누군가 옆에서 자꾸 "이것이 맞아!"라고 외친다. 조언이랍시고 하는 말이다. 그들도 다른 정답이 있을 것이라는 의심을 하지 않고 살아왔기에 누가 잘못되었다고 판단하는 것이 아니다. 그렇기에 중요한 것은 나만의 경험, 나만의 도전이다. 다른 답도 맞다는 것을 증명함과 동시에 다양성을 수용할 수 있는 사람이 되어갈 수 있기 때문이다.

커뮤니케이션 전문가 안드레아 오언의 『어쨌거나 마이웨이』라는 책에 이런 문구가 나온다.

"그 분야의 탁월한 존재가 아님에도 어쨌거나 뛰어들어 도전한다는 것이 마이웨이의 멋진 점이다."

곤충을 키웠을 때 이다음 무엇을 하겠다고 결정하고 한 선택은 아무것도 없다. 관심분야에 따라 그 사회의 일원이 되었고, 내 삶의 흐름이 더 큰 흐름을 불러 남들과 다른 경험을 선물 받았다(여기에서 흐름은 기회에 관한 이야기다). 물론 탁월한 것은 더욱이 없었다. 초등학생이 서른 중후반의 어른들과 형, 삼촌 해가며 활동하고 비즈니스 관계로 지내본 것이 마이웨이가 아니고 무엇이겠는가.

곤충 카페에서 꾸준히 활발하게 활동하다 보니 운영자로부터 운영진 멤버를 제안받았다. 그렇게 카페 관리를 담당하면서 커뮤니티를 키우는 데 노력하다 보니, 모임이 있을 때 나를 직접 소개해주기도 하고 벼룩시장이 열릴 때면 내 곤충들을 사 가서 판매해주기도 하셨다. 흔히 기회는 준비된 사람에게 찾아온다고 하는데, 곤충 삼천 마리를 키우고 있던 나는 어느새 준비된 사람이 되어있었다.

독일계 프랑스인인 알버트 슈바이처의 말이다.

"하나의 기회의 문이 닫히면, 다른 기회의 문이 열리는 것이 삶의 이치이다. 우리는 종종 이미 지나간 과거에 너무 집착하는 바람에 우리 앞에 열려 있는 새로운 문을 보지 못하곤 한다."

지금 내 앞에 해야 할 일이 아닌, 할 수 있는 일들을 찾아라. 과거에 집착해 브레이크를 걸며 살기에는 인생이 너무 아쉬운 순간들이지 않은가. 할 수 있는 일이란 언제나 나만이 할 수 있는 것이라고 생각해라. '누구나 할 수 있는 건데 뭘~'이란 생각이 들면 '나만의 방식으로 잘해야지!'라고 생각을 바꿔보라. 어느새 일상은 나만의 도전으로 가득 차게 될 것이다.

나는 대학에 들어갈 때 여러 학과 중 곤충을 통해 '자연'을 좋아하는 나를 알았기에 조경학을 선택하게 되었고, 학과 공부에 전념할 수 있었다. 자기소개서에는 나만의 이야기를 자신 있게 써 보여드리고 있다. 절망의 순간이 올 때마다 과거의 소중한 경험을 떠올리며 계속 앞으로 나가는 용기도 얻고 있다. 무엇보다 앞으로 자연과 인간을 이롭게 하는 일을 하고 살고 싶다. 이 소명을 갖고 나만의 도전을 펼치고 싶다.

이처럼 남들과 다른 나만의 경험은 앞으로의 도전에도 큰 영향을 미친다. 사람들은 나만의 무언가를 끊임없이 추구하지만 항상 그것들을 이뤄낸 사람을 찾아내고 한계를 설정한다. 하지만 나만의 도전이란 누군가가 이뤄낸 것이 아니라 내가 하는 것이어야 한다. 나 스스로 선택한 도전이어야만 진정한 자존감이 생기며, 나를 탐색하는 과정에서 큰 도움을 줄 수 있는 선택지를 넓힐 수 있다. '내가 뭘 좋아하지?'라는 고민을 해보지 않은 사람은 없을 것이다. 이 질문은 '나는 무엇을 했지?'라는 질문으로 이어져 과거의 도전과 성취의 경험들을 불러일으킬 것이다. 남들과 다른 도전은 찾아내는 것이 아니라 지금 이 순간 내가 하고 싶은 것들을 실행하는 것에 달려있다. 남들과 같아지는 데 힘을 쏟고 있어 질린 당신! 반드시 지금 떠오르는 도전들을 하길 바란다. 그 도전들이 가져올 부정적인 생각은 집어치우고, 이 순간 남들과 다른 도전을 인생에 꼭 한 번쯤은 경험하길 바란다.

02

청춘, 너에게 주기에 너무 아까운

색을 섞는 기법 중에 분리라는 기법이 있다. 두 개 이상의 색에서 닮았거나 대비가 강한 색의 경우 그 사이에 분리색을 넣는 것으로 조화시키는 배색 기법이다. 내 청춘은 어두운 색에 분리색이 들어감으로써 색을 환하게 조화시켜주었다. 그 분리색은 무엇이었을까?

초중고, 대학, 군대. 26살이 되기까지 앞으로 어떻게 살아야 할지 무엇을 하며 살아야 할지 크게 생각지 않았다. 미래에 대한 막연한 답답함, 그게 전부였다. 정말이지 어떤 고민을 했는지 기억나지 않는 것을 보니 분명 진지하지 않았던 모양이다. 대학 때 꽤 열정적으로 공부했지만, 전공을 진로와 관련하여 구체적으로 생각한 것도 아니었다. 군대를 다녀온 선배 형들은 온통 취업을 목표로 경쟁하며 살아갔지만, 나는 눈앞에 군대라는 방어막이 있었기에 미래에 대해 안일하게 생각하고 있었는지도 모른다.

그렇게 대학을 졸업한 후 군 생활을 하면서, 전공과는 무관하게 주류에 흥미를 갖기 시작했다. 알면 알수록 재미있는 주류의 세계에 감탄하면서, 전역하면 바로 주류업계에서 일을 하고자 다짐했다. 전역하고 사회에 나와 관련 자격증을 취득하고 내가 좋아하는 업체들을 찾아가 보기도 했다. 그런데 그들이 가진 직업관은 생각보다 투철했다. 그런 소명을 가지고 일하는 사람들을 보니 나 자신이 부끄러워져 '나는 이 직종과 어울리지 않아.'라며 선을 그어 버렸다. 그렇게 내 첫 목표는 금세 사라지는 수증기처럼 허무해졌다.

목표가 사라져버린 일상이란 지루함 자체였다. 시간이 흐르며 정처 없는 인생이 너무도 무서워지기 시작했다. 그때부터 '안정'이라는 단어. 그 단어만이 내 살 길이라고 생각하고 취업전선에 뛰어들었다. 내가 안정을 위해서 할 수 있는 것이라곤, 적당한 연봉을 받을 수 있는 기업에 지원하는 것이었다. 전공에 맞춰 직장을 알아보고 이력서를 써 내려가고 자격증을 준비하기 시작했다. 하지만 줄줄이 통보되는 불합격 통지서. 나 자신에 대해 생각해 볼 시간을 가지지 않았고, 그저 '안정'이라는 것에 급급해 마지못해 달리고 있었던 것이다. 소속감이 없다는 것에 두려워하고, 집이라는 공간에서 매일 밥을 축내는 자식이 된 것만 같아 하루하루 죄책감만 커져갈 뿐이었다. 뉴스에서 실업률이 역대 최고라고 하니 부조리한 사회구조를 탓하며 위로하면서도, 좋은 스펙을 쌓아 좋은 직장에 들어가 일하고 있는 친구들과 취업사이트 게시판에 올라있는 합격 후기를 볼 때면 나 자신이 너무 초라하다는 생각이 들었다.

공부한답시고 스스로 고립시켜 친구도 만나고 있지 않아 '피폐' 그 자체였다. 애초에 나는 '자격증이 왜 필요해? 누군가 나를 알아줄 거야!'라며 세상을 나 중심으로 보는 순진한 겁쟁이였다. 그래도 용기

내어 시작했지만 '무엇을 위해 공부하는가?'라는 질문에 대한 답을 얻지 못해 계속 방황하고 있었다.

고민 끝에 한 가지 결심을 내렸다. 열린 마음으로 세상을 대하자는 것이다. 나의 청춘에서 동기부여 없이 낭비되는 소모적인 시간이 너무도 아까워졌다. '시간도 젊음도 너무 아깝다!'라는 마음속 간절한 외침이 나를 바깥세상으로 인도해주었다. 정말 뭘 해야 할지 몰랐지만, 뭐라도 해야 마음이 편할 것 같았다.

그렇게 시도하게 된 것이 세미나와 강연으로 달력 채우기와 서점으로 등교하기였다. 요즘은 모임문화 플랫폼이 잘 구축되어 있어 내가 관심이 있는 곳이면 무료 혹은 저비용으로 원하는 강연과 세미나에 참석할 수 있다. 인문학, 진로, 창업, 성공담, 독서모임 등에 관해 두서없이 신청하고 스케줄을 잡기 시작했다. 밤늦게 자고 정오를 훌쩍 넘겨 일어나는 생활패턴을 바꾸기 위해 아침엔 광화문 교보문고로 출근했고, 오후는 다양한 모임문화로 채웠다. 그때 보았던 책이 다자이 오사무의 『인간실격』이었다. 어지간히 '내가 참 못난 인간이구나.'라고 생각했던 것 같다. 이 책은 저자가 자살 직전에 자신의 약점을 고스란히 드러내는 책인데 역설적이게도 '나는 이렇게 살지는 말아야 겠다.'라는 메시지를 받았다.

각종 강연과 모임에 참여하면서 열심히 사는 사람들로부터 에너지를 얻었다. 일상에서 발견한 소재로 창업에 성공한 사람들, 자기만의 개성으로 새로운 업을 만들어내는 사람들, 책에서 느끼는 점들을 재미있게 건네는 어린 친구, 사람은 왜 완전할 수 없는가에 대해서 탐구하는 사람들 등 진취적이고 긍정적인 에너지 덕분에 일상이 호기심과 희망으로 가득 차게 되었다. 풀리지 않는 생각으로 가득 찬 머리가 개운해졌고 그렇게 하루를 정리하면 그동안 느끼지 못했던 뿌듯함이 몰려오기까지 했다. 그런 생활을 지속하다 보니 일상의 아주 사소한 것에서도 감사를 느끼게 되었다. 평소에 그냥 지나쳤던 것들에 주의를 기울였다. 신호등을 건널 때 보이는 햇볕이나 산봉우리 그리고 항상 옆에 있는 식물들이 자라는 것조차 신기하게 바라보며 행복해했다. 그러면서 점점 사소한 관심을 따라가며 발견한 것이 있다. 과거와 현재 속에 나는 자연과 식물을 좋아한다는 것이다. 집에만 있었다면 깨닫지 못했을 것이다. 앞 장에서 말했듯이 나는 곤충을 키우며 자연을 접했고, 대학에서는 조경을 전공했다.

문득 대학시절 듣고 본 조경포털사이트가 생각났다. 사이트에 접속하니 마침 시민기자를 모집하고 있었다. 일상을 취재해 기사화할 수 있으며, 소소한 취미였던 글쓰기를 지속할 수 있는 좋은 기회였기에 '해보자!' 하며 지원했고, 활동하게 되었다. 사이트에서 얻은 정보 덕분에, 아카데미를 수강하고, 공모전에도 나가면서 내가 추구했던 '안정'이 잘못되었다는 걸 깨달았다.

잃을 게 없었기에 매 순간 집중했고, 내가 할 수 있는 만큼 최선을 다했다. 그만큼 무엇이든 한다는 것이 나에게 너무나 소중했기 때문이다. 점점 관련 분야에 대한 호기심이 생기니 드디어 '왜 공부하는지'에 대해 미처 답하기도 전에 자연스레 관련된 공부를 하고 있었다. 이 분야에 입문하려면 당연히 관련 지식이 필요했고, 알아갈수록 더욱 재미를 느낀다. 이후 지금도 정말 의도치 않은 사건과 기회들이 나를 맞이하고 있다. 앞으로 무슨 일이 일어날지 하루하루 기대되는 일상을 살고 있다. 나에게 맞는 취업정보를 공유해주는 분들 덕분에 일할 기회도 얻게 되었고, 자연스레 자격증도 취득하게 되었으며, 친구를 만나도 수많은 재미있는 일상 덕분에 대화에 활력도 생겼다.

사람들은 안정이라는 목표에 너무 치중한 나머지 진정한 청춘의 의미를 잊고 살아간다. 나 또한 그랬으니 말이다. 그렇지만 무엇 하나 확실하지 않은 이 세상에서 과감하게 불안을 선택하고 도전할 용기가 필요하다.

"행복은 우연한 사건이 아니라 자신의 선택이다."라는 확고한 철학을 가진 세계적인 베스트셀러 작가 앤드류 매튜의 저서 『지금 행복하라』에 수록된 내용이다.

"역경은 행복을 위한 정신단련의 기회다. 침대 밑에 숨는다고 해서 힘이 세지는 것은 아니다. 고개를 들고 삶과 직면하라. 위험에 빠질 수도 있다. 실패하거나 내동댕이쳐질 수도 있다. 그렇지만 하루하루 당신은 자신감을 얻게 될 것이다. 점점 긍정적인 태도를 형성할 수 있을 것이다. 삶이 고달플 때마다 스스로에게 속삭여라. 나를 정신적으로 단련시키려는 속셈이군. 나는 점점 더 행복해지고 있어."

행동하지 않아 갇혀버린 고뇌에 빠진 불쌍한 나. 그때가 있었기에 지금 경험하는 모든 것의 소중함을 알았다. 삶에 직면할 용기를 얻은 것이다. 그렇게 인도해준 나의 '분리색'은 바로 '도전'이었다. 내 일상에서 탈피하고자 하는 마음에서 시작된 새로운 생활에 대한 기대, 기자를 해보자는 마음, 무언가 진심으로 배우려는 설렘, 공모전에 나가보자는 불안한 도전들이 새로운 세상으로 나를 이끌었다.

기획력을 가르치는 『기획의 정석』 저자 박신영은 어느 인터뷰에서 이렇게 말했다.

"20대는 논리적으로 생각하면 다 탓할 것밖에 없어요. 왜냐하면 20대는 삶이 완성된 시기가 아니잖아요. 뭐가 괜찮겠어요? 환경도 안 맞고 전공도 나랑 안 맞는 것 같지, 사랑도 연애도 다 흔들리잖아요. 그렇게 단순히 탓만 하고 있기에는 시간이 계속 흘러가는 거죠. 아깝게."

청춘들에게 꼭 필요한 말이 아닐까 싶다. 뭐든 탓하면서 안정을

추구하기에는 청춘이 너무도 아깝기에 더욱 하고 싶은 대로 따라가야 한다. 끊임없이 불안과 싸워 나를 시험해보는 시간이 필요하다. "자기 책임을 방기하려 하지 않으며, 또한 그것을 타인에게 전가시키려 하지도 않는 것은 고귀한 일이다."라는 니체의 말처럼 절대로 누군가를 탓하지 말고 순간순간을 소중하게 대해야 한다. 결국 내 인생은 내가 만들어가는 것이니 말이다.

『하버드 새벽 4시 반』의 저자 웨이슈잉도 청춘의 소중한 시간에 대해서 이렇게 말한다.

"시간은 쉽게 빠져나가기 때문에 우리는 더욱 분발하여 1분 1초를 움켜잡아야 한다. 시간은 무한하지만 우리의 생명은 한계가 있다. 이렇듯 삶이 제한적이라는 점을 감안하면 우리가 가진 시간도 너무나 짧다. 그렇기 때문에 제한된 시간과 삶을 잘 활용하여 살아있는 동안 무언가를 이뤄야 한다. 시간은 꿈을 이루고 쉼 없이 배우며 성장하기 위해 있는 것이다. 우리에게 남은 시간이 점점 줄어들다 어느덧 인생의 황혼기에 접어들면 다시 노력하고 싶어도 이미 너무 늦어버린다."

아름다운 청춘 그대들, 안정이라 외치면서 당장 편한 것만 좇고 있지는 않은가? 냉정하게 생각해보면, 아무래도 많은 사람이 도전에 두려워하고 있지 않을까. 하지만 도전 없는 인생은 정말이지 너무 재미없다. 활력도 생기지 않는다. 있던 활력도 앗아가 버린다. 하루가 재미없으면 인생이 재미있을까? 하루하루 재미있는 진짜 당신의 인생을 위해서 자신에게 솔직하게 하고 싶은 것에 도전하라. 뭔지 모르겠다면 뭐든 해보자. 여행을 가고 싶으면 가고, 전시회를 보고 싶으면 봐라. 지금 그러고 있을 때가 아니라고? 그럼 언제 할 것인가. 화려한 청춘에는 보고, 듣고, 맛보고, 공부하는 모든 것이 자산으로 남는다. 다양한 분야를 경험해보는 것 자체 또한 도전이기 때문이다.

천상병 시인의 〈나무〉라는 시다.

사람들은 모두 그 나무를 죽은 나무라고 그랬다.
그러나 나는 그 나무가 죽은 나무는 아니라고 그랬다.
그 밤 나는 꿈을 꾸었다.
그리하여 나는 그 꿈속에서 무럭무럭 푸른 하늘에 닿을 듯이 가지를 펴며 자라가는 그 나무를 보았다.

나는 또다시 사람을 모아 그 나무가 죽은 나무는 아니라고 그랬다.
그 나무는 죽은 나무가 아니다.

03

세상 가장 높은 곳에 나만의 나무를 심어라!

 어느 책에서 이런 문구를 보았다.

"나 또한 말도 안 되는 핑곗거리로 스스로를 합리화하며 평범함과 평균에 안주했다. 하지만 지금은 불가능해 보였던 목표를 성취하는 삶을 살고 있다. 하루하루 새로운 버전의 내가 되기 위한 노력은 지금의 나를 되고 싶은 나로 끌어줄 것이다."

여기에 주목해야 할 말이 있다. '새로운 버전의 나' 이것은 무엇을 의미할까?

여기 소개해주고 싶은 사람이 있다. 존 고다드이다. 수식어가 너무나 다양해 이름으로밖에 표현되지 않는 사람이다. 자기계발, 동기부여 분야의 세계적인 대중 연설가이자 저자인 故호아킴 데 포사다의 『마시멜로 두 번째 이야기』에서는 그를 이렇게 소개하고 있다.

"존 고다드는 열다섯 살이던 어느 날, 노란색 노트에 '나의 인생 목표'라는 것을 적어 보았다. 자신의 일생을 통해 이루고 싶은 모든 꿈을 그 안에 담았던 것이다. 그중에는 '피아노로 베토벤의 〈월광 소나타〉 쳐보기', '보이스카우트 가입', '셰익스피어의 작품 읽기' 같은 비교적 쉬운 꿈도 있었다. '낙하산 점프', '비행기 조종법 배우기'와 같이 스릴 넘치는 꿈도 있었다. 무엇보다 미지의 세계에 대한 탐험에 관심이 많았던 그는 '달나라 여행', '에베레스트 등정', '아마존강 탐험' 같은 결코 쉽지 않은 목표들도 적었다. 하지만 종이 위에 꿈을 적는 일에 제한은 없었다. 그는 마음껏 꿈과 상상의 나래를 펼치며 총 127개의 리스트를 적었다. 그리고 40년 후, 〈라이프〉지에 '꿈을 이룬 사나이'라는 제목의 기사에 그의 이야기가 실렸다. 그때까지 존 고다드는 127개의 꿈 가운데 103개를 이루었던 것이다."

이 이야기를 처음 접했을 때 그의 자유로운 삶이 너무도 멋져 보였다. "나도 이런 삶을 살고 싶다!"며 내 버킷리스트를 펼쳐보았다.

스물네 살, 어느 주말에 재테크 강연을 들은 적이 있다. 강연 포인트는 세상은 재미있는 것들이 너무 많아 계획을 세워야 한다는 것이다. 자신의 버킷리스트를 보여주며 이런 것들을 하며 지내고 있다고 소개해주었을 때, 나도 버킷리스트를 시도해보고 싶다는 생각이 들었다. 처음에는 하고 싶은 것으로 가득 채워나갔는데, 지금은 되고 싶은 것, 가고 싶은 곳, 갖고 싶은 것, 나누고 싶은 것 등으로 카테고리를 나누어 작성하고 있다.

개수를 세어 보니 400여 가지가 된다. 재미있는 사실은 그중 이뤄진 것이 50여 가지가 된다는 것이다. 턴테이블로 노래 틀어보기, 목공으로 벤치 만들어보기, 하몽 먹어보기, 전주 낙안읍성에서 일출 감상하기, 크리스마스트리 만들어보기, 유럽에 배낭여행 다녀오기, 즐겁게 자격증 취득하기, 스노보드 타기 등 펼쳐놓은 버킷리스트에서 삭선을 그은 목록들이다.

　나도 그와 같은 삶을 살고 싶다고 했지만, 이미 나는 나의 길을 가고 있었다. 생각해봤다. 그동안 나는 나와 다른 무언가가 되기 위해 고민하며 나름 정한 목표를 바라보며 살았는데, 이미 수많은 경험이 어우러져 내가 만들어져 있었다. 그래서 '경험이 많아질수록 진짜 내가 되는 건 아닐까?' 하는 생각이 들었다. 그런데 언제부턴가 두려움, 그러니까 정확히 말하면 점점 색다른 것에 소심해지면 안 되는 이유를 찾고 있다.

　『버려진 시간의 힘』에서는 "우리 꿈을 가로막는 것은 월세나 스펙 같은 현실의 벽이 아닙니다. 꿈을 일상과 동떨어진 것으로 느끼는 '마음의 장벽'이 더 큰 장애물이죠."라고 한다. 그렇다. 마음의 장벽. 왜 나는 현실을 아쉬워하고 있었을까. "나도 하고 싶다~"고 외치는 동시에 "나는 못해."라고 생각하고 있더라. 그 시간에 직접 경험하고자 시도하면 되는데 왜 그렇게 바라보기만 했을까.

　존 고다드가 수많은 목표를 이룬 비결이 있다. 계획을 세우고, 하나하나 준비하고, 필요한 돈을 모아 결국 실행하는 것이다. 장애와 한계가 있어도, 하면 된다는 주의다. 자연의 이치다. 그게 무서워 피할 것인지, 즐겁게 맞이할 것인지는 자기 선택이지만 과연 어떤 선택을 할 것인가. 주어진 자유를 얼마나 만끽하느냐는 그대 선택이다.

　　최근 "YOLO!"라고 외치며 자유롭게 살아가는 이들이 많아졌다. 이 용어는 어느 외국 가요에서 나온 가사 중 하나로 "You only live once" '인생은 한 번뿐'을 뜻한다. 왜 이 단어가 선풍적인 인기를 끌며 하나의 문화를 형성하고 있을까? 나중을 위해 현재의 여유를 잊고 사는 사람들의 마음을 열어주는 외침이지 않을까. 나를 숨기고 살아가는 수많은 현대인에게 솔직하게 나를 발산할 수 있는 자유와 그것을 누리며 나를 돌아볼 수 있는 여유를 찾아주고 있다. YOLO를 다르게 말하면 끊임없는 경험이다. 내가 할 수 있는 것을 해 나가면서, 좋아하는 것을 좇으라는 의미를 내포하고 있다. 그렇게 다양한 경험들을 '시작'하라는 강렬한 용기를 주는 단어다. 당장 하고 싶은 순간의 행복을 위해서만 살라는 것이 아니라, 한번 사는 인생이니 다양하게 도전하고 경험하며 살라는 것이다. 도전과제를 설정하고 그를 위해 준비해서 실행하고, 경험했을 때의 즐거움을 맛보라는 것이다.

　　『하워드의 선물』에서 "왜 A+를 목표를 하지 않으시죠?"라는 질문에 하워드는 이렇게 답한다.

　　"좀 더 다양한 목표를 추구하고 싶어서겠지. 한두 가지 목표라면 기를 쓰고 달려들어 A+를 받을 수도 있겠지만 그게 무슨 의미가 있겠나? 나는 모든 분야에서 어떠하든 A등급을 받으려고 고집하는 사람들을 많이 알고 있네. 하지만 대부분 얼마 못 가서 균형을 잃고 넘어지더군. 정신없이 저글링을 하다가도 몇 개 씩 툭툭 떨어뜨리고 나면 금세 흐트러져."

다양한 경험을 하는 인생을 살면서 뭐든지 잘해야겠다는 마음가짐은 잘못된 접근이라고 한다. 경험들은 새로운 관점과 즐거움을 주는 동시에 나를 발견할 수 있는 매개체다. 따라서 잘하고 못하고를 떠나 맘 편히 즐기는 태도로 접근하는 것이 좋다. 사람은 누구나 실수, 실패에 대해서 관대하지 못하기에 애초에 기준을 잡지 않는다면 편한 마음으로 많은 경험을 누릴 수 있을 것이다.

내가 이 이야기를 하는 이유가 있다. 나는 "내가 무엇이 될 것이다!"라고 외치면서 역설적이게도 '난 무엇이 돼야 하는가?'라는 고민이 함께 왔고, 점점 깊은 수렁에 빠져 시름시름 앓으며 나도 모르게 눈물이 흐르던 때도 있었다. 이후 '답을 찾기 위해 무언가 선택해 놓고 사는 것은 참 재미없지 않나?'라는 생각을 하며 많은 것이 변했다. 이제는 직관적으로 원하는 것과 좋아하는 것을 하고 있고, 무엇보다 그에 부합하는 '할 수 있는 것'에 지나치지 않고 실행해가고 있다. 첫 고민이 사라졌다. 지금의 행동이 계속해서 나를 만들어가며 발전시킬 것이고, 어느 순간 내가 원하는 내가 되어있을 것이라는 믿음이 생겼다. 정해진 답은 없다. 지금 내가 만들어갈 뿐이다. 철학자 괴테는 "무언가 할 수 있다는 생각이 든다면, 그것을 시작하고 새로운 일을 시작하는 용기에 천재성, 능력, 기적 모두가 숨어있다."고 하지 않는가. 자신감 있게 뭐든 해보자. 우리는 할 수 있다.

영화감독 벤 스틸러 작품 중 〈월터의 상상은 현실이 된다〉라는 영화가 있다. 월터 미티는 〈라이프〉 잡지사에서 일하는 평범한 포토에디터이다. '평범한'이라고 표현한 이유는 그가 자신의 페이스북 프로필을 들여다보며 해본 것, 가본 곳, 특별한 일이 없다는 걸 발견한 장면이 떠올랐기 때문이다. 중요한 사진 하나를 찾지 못해 그에게 항상 사진을 보내주는 사진작가 숀 오코넬을 찾아서 여행을 떠난다. 그 과

정에서 헬기에서 바다로 떨어지고 화산이 터지는 산에서 대피한다. 그린란드, 아이슬란드, 히말라야를 돌아다니기도 한다. 도시에서의 그는 무미건조한 직장인을 그렸다면, 여행을 다녀온 그는 마치 회색 옷에 형형색색의 물감을 뿌린 것처럼 화려해 보였다. 이제야 그가 된 것이다. '이런 매력적인 사람이 되어야겠다.'는 생각이 절로 들었다. 그처럼 다양한 경험을 해내는 순간 나만의 인생이 더욱 풍족해질 것이다.

스물넷에 일본의 문학상 아쿠타가와상을 받은 마루야마 겐지(丸山健二·74)는 올해로 50년째 산골에서 정원을 가꾸고 글을 쓰며 살고 있다고 한다. 300평의 정원을 손수 가꾸면서 여생 동안 지금까지 쓴 책 100권을 다시 쓰겠다고 결심한 사람이다. 그는 힘들어하는 청춘들에게 이렇게 도전한다.

"힘든 거 안다. 하지만 누구나 한번 사는 인생. 사회에 책임을 돌릴 수는 없다. 개미와 개구리를 관찰해보라. 정말 열심히 산다. 곤충

과 양서류도 그렇게 최선을 다하는데, 인간이랍시고 대충 살면 되겠나. 자신의 능력을 최대한 발휘해 살아야 인간다운 삶이다. 돈 많은 집 자식이라고 그런 삶을 살 수 있는 줄 아나."

'자신의 능력을 최대한 발휘해' 경험하고 즐기자. 지금 당장 상상을 현실로 만들어보자! 내가 되어 살아가자!